信息化环境下
财务会计与管理会计研究

沈 辉 朱 珊 著

延邊大學出版社

图书在版编目（CIP）数据

信息化环境下财务会计与管理会计研究 / 沈辉，朱珊著. -- 延吉 : 延边大学出版社，2021.9

ISBN 978-7-230-01945-3

Ⅰ. ①信… Ⅱ. ①沈… ②朱… Ⅲ. ①财务会计－研究②管理会计－研究 Ⅳ. ①F234.4②F234.3

中国版本图书馆CIP数据核字(2021)第179373号

信息化环境下财务会计与管理会计研究

著　　者：沈　辉　朱　珊
责任编辑：李英姬
封面设计：王　朋
出版发行：延边大学出版社
社　　址：吉林省延吉市公园路977号　　邮编：133002
网　　址：http://www.ydcbs.com
E-mail:ydcbs@ydcbs.com
电　　话：0433-2732435　　传真：0433-2732434
发行部电话：0433-2733056
印　　刷：北京市迪鑫印刷厂
开　　本：787毫米×1092 毫米　1/16
印　　张：8
字　　数：180千字
版　　次：2022年3月第1版
印　　次：2022年3月第1次印刷
ISBN 978-7-230-01945-3

定价：50.00元

前　言

信息化代表了一种信息技术被高度应用，信息资源被高度共享，从而使人的智能潜力以及社会物质资源潜力被充分发挥，个人行为、组织决策和社会运行趋于合理化的理想状态。

在现代信息技术飞速发展的今天，计算机的应用在世界各地已经相当普及，在计算机基础上不断深入运用的各种经济信息系统也得到了广泛的应用。信息化环境下，我国企业也在不断地探索和努力以适应经济环境变化带来的影响，并积极探索适合企业自身发展的财务会计和管理会计的有效融合与工作机制。

现代会计管理工作模式中，将会计分为管理会计与财务会计，分别开展相应的经济活动，并在企业运营中各自发挥不同的功用与价值，为企业可持续发展提供必要的信息依据。而在企业实际运营或管理制度改革过程中，应对管理会计与财务会计的关系形成正确且清晰的认识，并能运用有效管理手段，积极创建科学的融合会计信息系统，合理完善融合型会计的管理流程，从而建立更有效的会计工作机制。

本书就信息化环境下的财务会计与管理会计以及二者的融合进行了探讨与分析，主要内容包括财务会计概述，财务会计数据分析，财务会计信息系统维护、财务会计信息内部控制与审计系统，管理会计概述，管理会计与投资决策、预算管理和绩效管理，信息化环境下财务会计、管理会计以及二者的融合。

本书旨在通过分析信息化环境下的财务会计与管理会计的应用，帮助企业管理者、广大学者与相关专业学生合理看待二者的关系，以产生最优的管理价值。

目　录

第一章　财务会计基本理论

财务会计是企业会计的组成部分之一。早在20世纪50年代，世界上有些国家就将企业会计分成财务会计、管理会计等若干部分进行运作。随着我国经济体制改革的不断深化，企业经营权和所有权的分离，为了适应企业内部与外部的不同信息需要，企业会计也逐步形成两个相对独立的领域，即财务会计与管理会计。

第一节　财务会计基础认知

一、财务会计的含义

财务会计是依据会计法规制度，运用会计核算的专门方法，对会计主体的经济业务活动进行日常核算和监督，向各个会计信息使用者提供通用会计信息的专业会计。简而言之，就是对会计主体已经发生的经济业务进行事后的记录和总结，对会计主体的生产经营活动进行客观的反映和监督。当然，财务会计在记录、总结、反映、监督过程中必须遵循法定的会计规范办事，就是按照《中华人民共和国会计法》（以下简称《会计法》）、《企业会计准则》和已颁布的行业会计制度所规范的程序、会计原则、核算方法，认真实施财务会计的目标和职责。同时，为了与国际会计接轨，还必须注意遵循《国际会计准则》的有关规定，以适应会计国际化的需要。

会计主体是会计人员为之服务的单位，可以是法人机构，也可以是非法人机构，包括政府机关、事业单位、社会团体、公司企业等。在所有的会计主体中，企业会计主体是最主要的，本书所讲述的财务会计也指的是企业财务会计。

二、财务会计的特点

财务会计与管理会计相比较，主要有以下特点：

（一）财务会计以财务报告为工作核心

财务会计作为一个会计信息系统，是以会计报表为最终成果的。会计信息最终是通过会计报表反映出来的。因此，财务报告是会计工作的核心。现代财务会计所编制的会计报表是以公认会计原则为指导而编制的通用会计报表，并把会计报表的编制放在最突出的地位。而管理会计并不把编制会计报表作为主要目标，只是为企业的经营决策提供有选择的或特定的管理信息，其业绩报告也不对外公开发表。

（二）财务会计主要满足外部信息使用者的信息需求

财务会计以《企业会计准则》为指南，编制并对外披露包括企业外部和内部的信息使用者所需要的财务报告，目的是向这些用户综合反映企业的财务状况、经营成果和现金流量，以便其做出明智的投资决策、信贷决策，制定有效的监管政策等。而相对于财务会计，管理会计则是出于企业内部管理的目的，编制并对内呈报企业内部管理所需要的信息，如有关成本费用控制的信息、有关预算执行情况的信息、有关业绩差异的信息等，目的是向企业内部的各个管理层提供管理活动中与成本控制、预算执行、绩效评价等有关的信息，以便企业的管理当局提升管理水平，完善制度建设，提高生产和经营绩效。

（三）财务会计必须遵守会计的法律法规，采用标准化的程序和方法

财务会计和管理会计是会计学科的两大分支。财务会计的系统结构主要由确认、计量、记录、报告和表外信息披露等程序或环节构成。财务会计的处理程序和最终编制的财务报告都必须符合公认会计原则、《企业会计准则》或相应的规范。管理会计信息的加工并没有一个特定的系统结构和模式。一切来自企业经济活动的数据只有符合这些标准和方法后，才能进入财务会计这个经济信息系统进行加工和处理，最终在财务报表中进行确认或在表外进行披露。

（四）财务会计具备信息质量特征

会计信息质量特征是指在给定的会计目标前提下会计信息应当达到的质量要求，以最大限度地提高会计信息的有用性。不同的会计信息使用者各自面临的问题不同，解决问题的方式和方法也不同，因而在建立会计信息体系时，必须充分考虑这些特点，保证会计信息的相关性，辅助信息使用者做出决策。

三、财务会计的目标

我国财务会计的目标是向财务报告使用者提供与企业财务状况、经营成果和现金流量等有关的会计信息，反映企业管理层受托责任的履行情况，以便财务报告使用者做出经济决策。其主要包括以下两个方面的内容：

（一）向财务报告使用者提供决策有用的信息

企业编制财务报告主要是为了满足财务报告使用者的信息需要，有助于财务报告使用者做出经济决策。因此，向财务报告使用者提供决策有用的信息是财务报告的基本目标。如果企业在财务报告中提供的会计信息与使用者的决策无关，没有使用价值，那么财务报告就失去了其编制的意义。

根据向财务报告使用者提供决策有用的信息这一目标要求，财务报告所提供的会计信息应当如实反映企业所拥有或控制的经济资源、对经济资源的要求权，以及经济资源要求权的变化情况；如实反映企业的各项收入、费用、利得和损失的金额及其变动情况；如实反映企业各项经营活动、投资活动、筹资活动等所形成的现金流入和现金流出情况等，从而有助于现在的或潜在的投资者、债权人及其他使用者，能够正确、合理地评价企业的资产质量、偿债能力、盈利能力和营运效率等；有助于使用者根据相关会计信息做出理性的投资和信贷决策；有助于使用者评估与投资和信贷有关的未来现金流量的金额、时间和风险等。

（二）反映企业管理层受托责任的履行情况

在现代公司制度下，企业所有权和经营权分离，企业管理层是受委托人之托经营管理企业及其各项资产，负有受托责任，即企业管理层所经营管理的企业各项资产基本上均是由投资者投入的资本（或者留存收益作为再投资）或向债权人借入的资金所形成的，企业管理层有责任妥善保管并合理、有效地运用这些资产。尤其是企业投资者和债权人等，需要及时或经常性地了解企业管理层保管、使用资产的情况，以便于评价企业管理层受托责任的履行情况和业绩情况，并决定是否需要调整投资或信贷政策，是否需要加强企业内部控制和其他制度建设，是否需要更换管理层等。因此，财务报告应当反映企业管理层受托责任的履行情况，以便评价企业的经营管理责任和资源使用的有效性。

第二节 财务会计系统

财务会计系统是财务会计作为一个信息系统的信息输入、加工和输出的基本程序，包括会计确认、会计计量、会计记录和会计报告四个阶段。

（一）会计确认

会计确认是以《企业会计准则》为判断依据，将某一项目作为一项资产、负债、所有者权益、收入、费用等正式记入并列入特定主体财务会计报表合计数中的会计程序。会计确认是财务会计核算系统的第一阶段，在财务中占有十分重要的位置。在会计确认阶段，需要回答“是不是会计要素”“是何种会计要素”“何时确认”“能否计量”等问题。

（二）会计计量

会计计量是为了将符合确认条件的会计要素登记入账并列报于财务报表而确定其金额的过程。

会计计量涉及计量单位和计量属性两个方面。计量单位是会计进行计量时所采用的尺度，对此我国的相关法律都有明确规定。《会计法》第 12 条规定：“会计核算以人民币为记账本位币。业务收支以人民币以外的货币为主的单位，可以选定其中一种货币作为记账本位币，但是编报的财务会计报告应当折算为人民币。”《企业会计准则——基本准则》第8条规定：“企业会计应当以货币计量。”计量属性是指被计量的对象具有的某方面的特征或外在表现形式。一项业务或事项可以从多个方面用货币计量，因而有不同的计量属性。这些计量属性主要有：

1. 历史成本

历史成本是指资产按照购置时支付的现金或者现金等价物的金额，或者按照购置资产时所付出的对价的公允价值，负债按照因承担现时义务而实际收到的款项或者资产的金额，或者承担现时义务的合同金额，或者按照日常活动中为偿还负债预期需要支付的现金或者现金等价物的金额。历史成本是目前我国会计计量的基本方法，它贯穿于财务会计的始终。

2. 重置成本

重置成本是指资产按照现在购买相同或者相似资产所需支付的现金或者现金等价物的金额，负债按照现在偿付该项债务所需支付的现金或者现金等价物的金额。重置成本一般在盘盈固定资产时使用。

3. 可变现净值

可变现净值是指资产按照其正常对外销售所能收到的现金或者现金等价物的金额扣减该资产至完工时估价将要发生的成本、估价的销售费用以及相关税费后的金额。《企业会计准则》规定，企业在会计期末对存货按成本与可变现净值孰低计量。

4. 现值

现值是指资产按照预计从其持续使用和最终处置中所产生的未来净现金流入量折现的金额，负债按照预计期限内需要偿还的未来净现金流出量折现的金额。

5. 公允价值

公允价值是指市场参与者在计量日发生的有序交易中，出售一项资产所能收到或者转移一项负债所需支付的价格。公允价值计量在金融资产债务重组、非货币资产交换等具体会计准则中应用广泛。

（三）会计记录

会计记录是指在会计确认和计量基础上，运用复式记账方法对特定主体的经济活动在账簿中进行登记的会计程序，包括编制会计分录、过账、账项调整等过程。

（四）会计报告

会计报告是指企业对外提供的反映企业某一特定日期财务状况和某一会计期间经营成果、现金流量的文件。

通过会计记录加工生成的会计信息，尽管十分丰富，但往往比较分散，不能集中、总括地反映企业经营活动的全貌。为了满足外部使用者的信息需要，必须对这些信息进行进一步的加工和汇总，并通过固定格式和内容的报告文件传递给信息使用者，这种报告文件就是会计报表。至于那些由于不符合会计确认标准而未被确认进入会计信息系统、但有助于财务报告使用者做出决策的信息，以及对财务会计报告所作的补充说明，则可以通过会计报表附注、补充资料等形式提供给信息使用者。它们与财务报表一起构成财务报告体系。

第三节 财务会计信息质量要求

会计作为一门国际通用的商业语言，所提供的信息应当满足投资者、债权人、政府及其有关部门和社会公众的需求，这就是会计信息质量。高质量的会计信息必须有高标准予以保证。按照《企业会计准则——基本准则》的规定，会计信息质量标准包括八项，即可靠性、相关性、可理解性、可比性、实质重于形式、重要性、谨慎性和及时性。

（一）可靠性

可靠性又叫真实性，它是指企业应当以实际发生的交易或事项为依据经会计确认、计量和报告，如实反映符合确认和计量要求的各项会计要素及其他相关信息，保证会计信息真实可靠、内容完整。

会计信息要有用，必须以可靠为基础，如果财务报告所提供的会计信息是不可靠的，就会对会计信息使用者的决策产生误导甚至带来损失，因此企业提供的会计信息应能如实反映企业的财务状况、经营成果和现金流量，不存在重大差错和主观偏见，做到内容真实、数字准确、项目完整、资料可靠。

（二）相关性

相关性也叫有用性，是指会计信息应当与财务会计报告使用者的经济决策需要相关，有助于财务会计报告使用者对企业过去、现在或者未来的情况做出评价或者预测。会计的相关性要求会计人员在收集、处理、传递会计信息的过程中，考虑会计信息的使用者对会计信息需要的不同特点，满足企业内外有关方面对会计信息的相关需要。

按照会计信息质量的相关性要求，需要企业在确认、计量和报告会计信息的过程中，充分考虑使用者的决策模式和信息需要，如果会计核算的信息不符合会计信息使用者的要求，即使客观真实地反映了企业经营情况，也毫无价值。但是，相关性是以可靠性为基础的，二者之间并不矛盾，不应将二者对立起来。也就是说，会计信息应在可靠性前提下，尽可能地做到相关性。

（三）可理解性

可理解性是指企业提供的会计信息应当清晰明了，便于财务会计报告使用者理解和使用。企业提供会计信息的目的在于使用，要使用会计信息首先必须了解会计信息的内涵，弄懂会计信息的内容，这就要求企业提供的会计信息应尽可能简明易懂，以便会计信息使用者理解和利用这些会计信息。

（四）可比性

这里的可比性是一个广义的概念，它既包括纵向可比，也包括横向可比。

所谓纵向可比是指同一企业在不同时期发生的相同或者相似的交易或事项，应当采用一致的会计政策，不得随意变更。例如，企业 2019 年按销售额的 1% 提取坏账准备，在以后年度也必须按 1% 提取坏账准备。但是，2020 年企业为了扩大销售，放宽了信用标准，预计坏账损失率达到销售额的 2%，如果证据确凿可以在 2020 年变更。但必须在 2020 年的会计报表附注中说明其变更的性质、内容和原因，以及变更后对前期报表的影响等。

所谓横向可比是指不同企业发生的相同或者相似的交易或事项，应当采用国家规定的会计政策，确保会计信息口径一致、相互可比。例如，按权责发生制规定，企业必须将购置的机器设备、厂房、车辆等固定资产的价值在一定经营期内进行分摊，分期进入费用。如果有的企业不实行权责发生制而采用收付实现制，那么不同企业提供的信息就无法比较。

（五）实质重于形式

实质重于形式要求企业应当按照交易或事项的经济实质进行会计确认、计量和报告，不应仅以交易或事项的法律形式为依据。企业发生的交易或事项在多数情况下，其经济实质和法律形式是一致的。但是，在有些情况下会出现不一致。例如，对于以融资租赁方式租入的固定资产，虽从法律形式上来讲，企业不拥有其所有权，但是由于租赁合同规定的租赁期接近该资产的有效寿命，租赁期结束时，承租企业有权优先购买该项财产，且在承租期内有权支配资产并从中受益。因此，从该项资产的经济实质来看，企业能控制其创造未来的经济利益，在会计核算上应视为企业的自有资产。

（六）重要性

在实际工作中，会计人员根本就不打算记录那些不重要的交易或事项，因为提供这些琐碎的信息用处不大，而且耗费了大量的人力资源和管理成本。重要性是指企业提供的会计信息应当反映与企业财务状况、经营成果和现金流量等有关的所有重要交易或事项。不幸的是，重要与不重要交易或事项之间没有一条公认的、准确的界限，这需要会计人员个人的职业判断。

重要性往往与充分披露有关。会计核算对所有会计信息资料都应全面予以反映，但对重要的经济业务应单独反映，尤其是对那些影响决策的重要会计信息，应分项反映，重点说明；而对那些次要的会计信息，则可适当简化核算的程序和方法。

（七）谨慎性

谨慎性又叫稳健性，它要求企业对交易或事项进行会计确认、计量和报告，应当保持应有的谨慎，不应高估资产或者收益、低估负债或者费用。通常，人们在处理一件不确定事项时，往往会采取小心谨慎的态度。会计人员也是如此，他们在衡量不确定事项时，宁愿低估资产或收益也不愿高估它们。在会计核算中，如果对未来不确定的数量有两种估计结果，即使二者发生的可能性相同，会计人员仍应充分考虑可能出现的风险，不要高估企业的资产或收益；而对可能发生的负债或费用要有充分的预见，使会计核算尽可能建立在较为稳妥的基础上，以提高企业应对风险的能力。例如，企业对未收回的应收账款估计可能发生坏账损失，确认“坏账准备”就体现了会计信息质量的谨慎性要求。

（八）及时性

及时性是指企业对于已经发生的交易或事项，应当及时进行会计确认、计量和报告，不得提前或者延后。及时性原则可以保证会计信息的时效性，如果会计信息不及时传递出去，则无论多么可靠的会计信息都是不相关的。在会计确认、计量和报告过程中贯彻及时性，一要及时收集会计信息，二要及时处理会计信息，三要及时传递会计信息。

第二章　信息化环境下财务会计概述

随着网络信息时代的来临，信息技术在各个行业得到了普及和应用，通过运用信息技术能够将传统企业管理思维和模式进行改变，以更好迎合时代发展要求。在信息化环境下，财务会计工作也出现了重大改变。企业在运营发展中，实现会计信息化可为财务会计工作开展提供相应的数据支持，并根据企业财务会计工作状况对现有的财务会计流程进行优化，从而保证财务会计信息的真实性和完整性，给企业决策制定提供参考。

第一节　信息化发展对财务会计的影响

一、传统会计职能及其会计核算的特点

以往的会计工作主要职能有两个，分别是反映和监督。所谓的反映职能，具体地说就是财务会计工作者依据会计条例，借助特定的措施，综合精准地将财务会计信息体现出来。而监督职能主要指的是监督各个经济事项有没有依据相关的法规条例来开展。同时，它还有其他的一些职能，比如管控经济活动，预测公司的发展前景等，不过因为当前的核算措施以及相关的辅助工具的缺陷，导致很多职能无法发挥出来。

在以往的财务会计背景之下，不管是手工模式或者是电算化模式，工作者的工作任务就是依据财务会计要素设置各个类型的账户，依据工作的活动开展账目记录工作，进而得到相关的凭证和账目资料。而它们的区别在于，手工模式主要是靠着算盘等设备开展工作，但是电算化时期使用的多是电脑等工具，信息的处理不需要借助人力，其优点是节省时间，节省人力。换句话讲，人们依靠电脑完成了以前人工完成的工作，比如说记录账目等。

二、信息化环境下会计核算的特点

信息化管理开展以后的财务会计信息体系是一个非常综合的、处理速度较快的体系，它能够和业务流程合理对接，而且能够保证第一时间处理信息。

（一）企业组织内外信息系统的集成

借助信息科技以及当前先进的通信技术，管理系统把财务会计以及生产等系统组合到

一起，其中财务会计信息体系经由销售以及生产等系统的紧密联系，使得财务会计的工作面明显地拓宽了，它能够把供货商以及顾客等在内的企业内外部会计信息实时地、有机地组织起来。

（二）业务处理高度自动化

对于一个单位来讲，它的业务机构审核并且收录了各种单据以后，系统会依据业务的特性自行生成凭证，而且第一时间传递到总的系统里面。财务会计工作者在审核好以后，可以利用系统自带的审核功能再次核对信息，而且系统还会不定时地处理账目，生成不同类型的账目，可以借助模板处理业务，而且自动产生报表。

（三）会计信息的实时报告

在信息化的背景之下，各种会计数据可以借助系统自行处理，此时财务会计工作者可以依据单位的需要合理地处理会计信息，为管理人员提供各种所需的资料，便于他们更好地开展管理工作，更好地制定发展策略以及开展投资活动等，确保管理人员能够在第一时间获知单位的运营模式，更好地为单位领导人制定决策提供所需的真实材料和数据。

三、会计信息化对传统会计职能的影响

推行信息化之后，会计工作迎来了全新的发展局面。在其生成并且发展的这个时期，对传统的会计工作产生了很明显的影响，此时的会计职能发生了变化，各项业务活动也开始改变。对于传统的会计来讲，在制定体系的时候，它主要是结合财务会计事项的特性来明确的。对于信息化财务会计工作来讲，在制定体系的时候，主要是结合各种类型的数据来确定的。通过信息化，人们能够合理分散或是综合处理信息，此时人们可以确保信息高度共享，而且可以随时提供财务会计数据，确保信息从获取到使用整个阶段都能够适应当前的管控规定。

（一）影响反映职能

在当前的时代背景之下，财务会计的反映职能具体的表现为借助信息系统，合理地优化信息内容，诸如信息的明确和核算等工作也被涵盖在内。借助信息的自动筛选功能，将不正确的信息去除，将正确的信息保存，保证了信息数据高度精准，这就在无形之中为信息优化工作打下了坚实的基础；在具体开展核算工作的时候，系统能够自行得到所需凭证，经过凭证审核和记账后，自行生成人们所需的各类账目资料。财务会计的反映职能和核算职能是不一样的。在当前背景之下，信息确认是整个工作任务中最为关键的内容。

（二）影响管理职能

在信息化环境下，因为财务会计信息的收集以及处理工作实现了高度的自动化，而且它的实时性特点非常明显，这时财务会计工作者就能够从烦琐的工作中抽身，将更多的注意力和精力放到其他的管理活动之中，不需要像过去一样将大量的精力和体力放到烦琐的

事务性活动之中。比如，此时财务会计工作者能够抽出更多的精力参加到单位的结构创新工作中，还可以辅助管理者制定制约体系进行绩效测评。除此之外，财务会计工作者还可以将精力放到分析使用的信息需求方面，据此来制定信息记录以及存储等规则。会计信息系统按照预定的程序和规则对信息进行处理，可以将数据传递给对应的使用人。结合使用人反应的具体情况，进一步确定使用人对信息的需求，进而更好地开展接下来的信息处理工作。此时会计的管理功能开始展现出来。

（三）对会计控制职能的影响

在当前的信息化环境之下，因为会计的反馈能力明显提升了，所以它的控制职能也开始被人们所关注，体现出愈发重要的存在价值，它可以更有效地强化企业的内部管理、参与企业经营决策，进而强化单位的综合竞争能力。会计控制所持依据已超出财务会计理论与管理会计理论的范围，它实行控制的依据已扩展到现代经济控制理论方面，如系统论、信息论、控制论和决策论等。围绕经营管理与决策问题，在充分发挥会计控制作用时还应当明确有效的控制必须是科学、系统的控制；系统的控制必须是把握优化信息的控制；优化的信息必须通过科学、系统的方法取得。同时，现代会计控制的指导思想又是实行全面控制，也就是说在控制的时候，要将以前、现在和今后联系到一起，将事情发生以前的状态，事情进行之中的状态和后续的状态联系到一起，而且要将微观、中观和宏观控制联系到一起。

近年来，我国的经济高速发展，各个行业也如沐春风，纷纷迎来了新的发展局面。这就在无形之中推动了财务会计工作的革新。在这种高速发展的背景之下，会计工作的意义得到了更为明显的体现，相关的职能较之于以往也有了明显的拓展。在财务会计体系中推行信息化制度，对传统的财务会计工作有很多影响，财务会计工作者要以全新的眼光来看待财务会计理论，要积极挖掘全新的理论知识，紧随时代的发展脚步转变认知能力，只有这样才能够确保财务会计工作开展顺畅，才能够发挥它应有的价值和意义，为国家的发展贡献力量。

第二节　信息化环境下财务会计的改革

一、财务会计改革的必要性

新中国成立以来我国一直维持着两种会计体系，即预算的会计系统和企业的会计系统。而到了20世纪末期，我国逐渐开始了预算制度的改革，同时伴随着社会发展和经济体制的转型，众多社会组织和民间的非营利性组织相继成立的会计政策和相关法规又和以往有所区别。尤其是21世纪以来，以互联网技术为代表的信息技术的迅猛发展，给我国现行体制下财务会计管理形式造成很大的冲击和影响。为了不断适应信息化社会的变化和发展，我国整体的经济体制都在采取深入的改革。而以信息化为手段的财务会计新型管理模式已经出现了一段时间，尽管很多方面还不完美，但对于企事业单位的会计改革来说既是机遇又是挑战，处理得当会对企事业单位的会计改革和整体效益发展产生意义重大的影响。

二、财务会计工作存在的问题

（一）财务基础薄弱，财务控制力差

不同公司因其经营模式和各自背景有差异，因此在财务会计方面基础和基本的财务控制功能上也是各不相同。从当下的形势来看，会计核算的方法在各个公司内部并未出现统一规定，公司内部的财务监管制度更是缺乏配套的制度保证，整个财务管理相对薄弱，长此以往必然造成严重的财政风险。由于目前我国市场经济水平的显著提高以及信息化程度的不断攀升，已经有很多企业开始积极主动地去顺应时代的发展和全新的要求，科学、合理地规范企业核算方面的相关程序。不过总的来看，许多公司还是缺乏完善的内部制度，主观上对于财务会计管理也不是十分重视，缺乏切实有效的措施来建立健全相关财务管理制度。例如，一部分企业尽管有着成型的规章制度，但是在执行上并未实现百分之百落实。甚至更有一少部分企业，不仅基本的财务会计制度没有严格落实，照章办事，甚至是把现有财务会计制度和标准当作应付检查和评比的工具。究其原因，归结起来就是企业财务基础薄弱、财务控制力差，这两个根本要素是目前限制我国众多企业财务会计工作改革的重要因素，必须得到妥善解决。

（二）缺乏财务会计专业人才

在网络经济时代，与时俱进是对一名合格的专业财务会计人员的最基本要求。信息时代其实对于企业财务会计人员的要求越来越高，因此必然就出现了很多财务会计人员“掉队”的现象。从客观上讲，很多财务人员受传统的财务会计管理理念影响，其业务模式和思维方式未能及时地更新和转换，企业的相关培训也不到位，这都会影响相关人员的素质和能力，不利于企业财务会计管理的创新。从企业管理上看，由于管理缺乏合规性，企业员工个人素质良莠不齐，在客观上对财务风险产生了不利的影响。员工的个人素质问题只是一个表象，其体现在多个方面：一是个人素质问题，责任心不强；二是后天工作经验的严重不足；三是缺乏专业的培训和系统的训练，市场分析能力、财务洞察和掌控力有限。

（三）企业财务人员风险意识薄弱

企业财务操作风险损失，经常发生在基层企业财务风险意识薄弱的客户经理与相关财务人员上，企业财务人员风险意识的淡薄，也对企业发展和信息化时代的改革造成一定的阻碍。其实，风险意识的淡薄有时比风险本身的危害还要大，企业财务人员很多时候责任意识淡薄，认为操作风险事不关己，自己只要做好自己的事，按照原定流程办事即可，即

使出现了损失也是企业的资金。也有一些企业，出发点是为了企业发展，为了增加业务额，无论是谁出现什么操作风险都可以被理解和原谅，然而他们却忘了业务发展最为关键的一点就是操作风险管理。

在信息化时代，我国的很多企业都普遍存在着一个共性的问题，那就是对于财务业务发展和操作风险管理的关系管理，这种利弊权衡之间的取舍选择，既出现在企业高层领导身上，有时也难免会出现在许许多多基层财务会计人员身上，这就导致了近几年来屡次出现处理企业财务和业务发展之间关系不畅而导致和形成的操作风险管理的重大失误。

三、财务会计业务流程的改革

为了改进现有的会计业务流程，使之更好地适应当前信息化时代背景下的企业发展，要充分借助当前各种可利用的模式、技术和方法，不断完善改革的具体策略。

要强化防范机制制度建设，强调其对于企业发展所起的重要作用。企业的改革应把握好当前形势，将长期操作风险当作是防范机制的建设重点，全面优化财务管理工作的系统。根据自己的实际不断进行调整和修改，补充和完善现有的规章制度，使操作达到财务风险可以进行防范的程度，使用系统管理方式，避免经营风险的出现。做好与系统相关的实质性工作，努力进行各种财务操作风险隐患的预防和消除，这样可以有效地避免风险。充分借助信息技术手段，如借助内联网渠道，会计部门可查看其他部门正在发生的经济业务，便于会计部门实时获取记账所依赖的各种电子单据。

建立有效、细致的分级授权管理系统。在当前以信息化为基础的网络信息环境下，原始单据的形式和搜集的方案都和以往不同，数据的一次录入便可以实现网络上的共享，信息时效性大幅提升。不但需要根据结算体系的业务需求，还要对不同财务部门进行有限授权，把握不同授权之间的不同，做出合理的调整，一步一步与责任建立起联系，建立一个层次结构清晰的、明确的权利和责任的授权管理系统。未经授权禁止从事经营管理活动，应通过管理信息系统权限，授权检查和标准化管理，防止超授权风险。要加强内部会计检查，定期和相关部门联合审计，确保账户一致。严格检查分离系统，确保会计人员分离；严格检查信息化系统，保证现金的安全，做好事后的监督；完善合规制度，确保经营活动符合法律法规的要求。

第三节　信息化环境下财务会计流程优化

一、财务会计流程基本概述

结合当前的财务会计流程定义可知，财务会计流程通常包含两部分：一是面向外部客户的各项财务工作，二是企业内部各部门的财务管理与组织协调。这两项因素都是财务会计流程优化的重要内容，企业财务会计工作过程中涉及了会计核算、财务管理等诸多内容，并且在企业运营发展中将会产生大量的财务会计信息，通过对财务会计流程的优化处理能够更好满足企业财务会计工作要求，有效提高企业财务会计工作水平。在落实财务会计工作过程中，主要包含了会计凭证填制、会计账目登录、财务报表编制等流程，相关负责人需要结合企业实际运营情况进行财务核算及监管。财务会计工作质量将会给企业运营决策制定带来直接影响，对企业运营发展有着重要的意义。

二、传统财务会计流程中存在的问题

（一）各个会计流程阶段之间缺乏有效的联系

我国的财务会计流程不断发展，从最初的手工记账逐渐转化为半手工记账的方式。在发展的过程中，相关的会计人员都按照严格的记账顺序来完成企业的账务资料，这种传统的财务会计流程，看似为企业提高了工作效率，但是，各个会计账务处理环节都单独存在，无法有效地使各个会计流程阶段之间的联系更加密切，并不能够为人们及时提供相同的会计信息资料，这样一来，便阻碍了我国财务会计的更好发展。

（二）无法更加准确地体现出企业的经营管理状况

根据调查研究发现，在我国的传统财务会计流程当中，虽然可以为企业相关业务的展开提供有关的账务信息内容，但是，由于所提供的信息内容比较局限，使得企业无法有效地借助这部分信息内容，来实现对企业经营发展状况的预测和管理，对企业自身的发展造成了影响。另外，由于传统财务会计工作所包含的信息内容不够完善，从而不能为企业的经营管理状况提供可靠的信息依据。

（三）财务会计相关数据信息无法及时更新

财务人员在展开财务会计的各项流程时，主要是根据不同业务的发生来进行相关的账务信息登记和核算管理。这些业务之间彼此分离，企业一般要对整个会计期间的财务数据信息进行收集和整理，只有等到该会计期间的业务发生之后，才能够获得完整的数据内容。但是，财务会计对及时性的要求较高，这种传统的财务会计核算管理方式，无法及时、有效地对数据信息进行更新，所以在后期所提供的数据信息已经失去了原有的实效性，信息的滞后性比较强。这样一来，企业想要实时地获取自身的发展经营状况，就受到了传统财务会计计算流程的严重影响。在这种情况下，若企业进行各种决策管理使用了这些财务数据信息，有可能会给企业的决策造成严重的误导，从而带来各种无法预测的、巨大的经济损失。

（四）财务会计信息之间联系不足

由于传统财务会计中的各项会计业务核算都是单独存在并且单独完成的，使得这些会计核算信息之间的关联性并不强。在这种财务会计核算工作模式下，并不能够明显地反映出业务信息之间存在的有效联系，信息的传递失去了一定的价值，无法为企业的发展提供可靠的依据。

三、信息化环境下会计流程优化的主要措施

（一）加强各阶段联系，为财务数据设立统一标准

在会计信息化的条件下，实现财务会计流程优化的重要步骤是完成财务数据的标准化设置，这样才能有效完成会计记录的标准化以及电子化。在这一个环节中，不仅要保证各项数据的有效性，更要为会计数据设立一个科学统一的标准，要注意加强每个阶段的信息联系，在此基础上才能完成标准编码源数据的有效建立。保证财务数据的统一管理，使其实现标准化的设计可以进一步确保会计凭证以及账簿等的合理性，从而有效提高数据输入和输出的正确性和科学性。为财务数据设立一个统一标准，可以促进资源共享的有效性，而且可以提高数据储存和使用的效率。

（二）简化会计核算流程，使其准确反映企业的运营状况

在传统的财务会计流程中，存在很多的多余程序。由于程序复杂影响了工作效率，而且随着信息化时代的快速发展，这种流程已经无法满足企业发展的需求。因此企业发展需要不断简化财务会计流程，从而保证其核算的效率。在实际的操作中，需要将财务会计流程中低效率的环节去掉，尤其是减少创造价值较少的环节，注意网络技术的合理运用，及时解决传统会计核算流程中存在的问题，保证各项信息的联系，避免数据的重复出现和使用，简化流程可以有效提高会计核算的效率，从而提升企业整体的运营效率。

（三）促进业务和会计信息的同步性，打破传统会计流程

为了全面实现会计流程的合理性优化，需要不断打破会计流程的顺序，选择更加合理的顺序可以提高其效率。尤其传统会计流程中的财务和业务处于独立的状态，因此会计人员对业务内容不熟悉，只是负责业务单据的记录等工作，这种方式造成了会计部门的独立，无法和其他业务部门进行及时沟通，影响了会计信息的时效性。此外，传统会计信息流程中，很多步骤已经无法满足当前会计信息化的需要，比如试算平衡等步骤，因此需要对其进行深入的改进。在信息化系统的使用中，人工需求不断减少，更加重视输入环节，其他处理则由信息系统完成，因此会计信息化下的会计流程优化比传统的会计流程更加科学化。

（四）加强信息之间的联系，实施实时控制策略

首先，要注意会计控制的每项控制原则，将其输入数据库，并且开始进行初始设置，在进行经济业务办理的过程中，由接收器接收信息，事件控器会依据数据库中已有的控制原则判断企业的每项经营活动，财务人员不仅要注意信息之间的联系，更要基于会计信息化完全信息的实时控制，不断实施实时控制策略。

其次，要求财务人员能够积极参与到企业的每项活动中去，不仅要求其掌握会计信息，更要了解企业经营活动的基本情况，做好实时控制。一旦发生经济业务，财务人员可以凭自己积累的经验，对经济业务的合理性和合法性进行科学判断，从而为企业发展提供更加合理的决策支持，降低企业的运营风险。

（五）提高对财务管理软件的应用效率

随着互联网科学技术的发展以及广泛应用，在信息技术的支持下，人们加大了对各种技术的研究力度，为各个行业都带来了非常大的便利。财务管理软件在信息技术的发展下，也得到了很大的改善和优化。企业应当提高对各种财务管理软件的应用效率，有效地借助这些财务软件，实施对企业各项经营活动以及业务发生的判断和控制，避免各种财务风险的出现。比如，对企业中存在的各项往来账款账务信息，可以设定功能提醒，设定明确的责任人，对这些应收应付款项进行统计，提高企业的账务处理效率，减少各项坏账损失的状况发生。

总之，信息化环境下的财务会计信息流程优化直接影响着企业的运营和发展，传统的会计信息流程无法满足现阶段企业发展的需求，需要结合其中存在的问题进行深入的优化。信息技术的使用关系着企业发展的未来，因此不断优化会计信息流程，能够有效提高企业在市场中的竞争力。除此以外也要重视对会计人员的培养，从而促进企业的可持续发展。

第三章　财务会计数据分析

近年来，随着我国社会主义市场经济的不断发展和经济管理体系的不断完善，企业数量不断增多、市场规模逐渐扩大，财务会计作为企业的重要核算中心，其工作质量的高度和工作效率的优劣在一定程度上对企业的发展具有直接影响。在当前激烈的市场竞争环境下，为保证企业的长期稳定发展，财务会计工作者需要从海量的数据信息中提取企业所需的那些准确可靠的会计信息，因此，提高财务会计数据分析能力，保证数据结果的准确性、科学性，对企业的发展至关重要。

第一节　财务会计数据处理加工与分析

一、财务会计数据与会计信息

数据是指从不同的来源和渠道取得的原始资料。一般来说，数据还不能作为人们判断并得出结论的可靠依据。数据包括数字数据与非数字数据。在会计工作中，从不同的来源、渠道取得的各种原始会计资料称为财务会计数据，比如某日仓库的进货量、金额，某日某零件的生产量等。在会计工作中，财务会计数据通常反映在各种内容和对外会计报表中。

会计信息与财务会计数据是两个紧密联系而又有着本质区别的概念。会计信息是通过对财务会计数据的处理而产生的，财务会计数据也只有按照一定的要求或需要进行加工处理，生成会计信息后才能满足管理的需要，为管理者所用。但财务会计数据与会计信息并没有明显的界线。有的会计资料对一些管理人员来说是会计信息，对另一些管理人员来说则需在此基础上进一步加工处理，才会成为会计信息。例如，某车间某月某部件的成本资料，对车间的管理员来说是会计信息；但对企业领导来说，需要的是企业的成本资料，因此该部件的车间成本资料仅是财务会计数据，还需进一步处理。

二、财务会计数据处理的定义

财务会计数据处理是指对财务会计数据进行加工处理、生成管理所需会计信息的过程，其一般要经过采集、录入、传输、加工、存储、输出等环节。财务会计数据处理不仅包括为提供对外报表所进行的一系列记账、算账、报账等工作，而且还包括在此基础上为提供控制、预测、决策所需会计资料所进行的进一步的处理工作。财务会计数据处理是会计工作的重要内容之一，是进行其他会计工作和管理工作的基础。财务会计数据处理有手工处理、半手工处理、机械化处理、电子计算机处理四种方式，电子计算机处理是指应用电子计算机技术处理财务会计数据，这种处理方式是本书的主要论述对象。

三、财务会计数据处理的特点

财务会计数据处理具有如下特点：

1. 数据来源广泛，连续性强，数据量大，存储周期长，类型较为复杂。输入时要进行严格的审核；

2. 要求所处理的财务会计数据准确性高；

3. 信息输出频繁且信息量大，输出形式多种多样；

4. 环节较多，处理步骤定期重复进行，处理过程必须符合会计制度和政府法规要求，并方便审计；

5. 证、账、表种类繁多，要作为会计档案长期保存，以方便查找；

6. 财务会计数据处理的安全性、保密性要求高；

7. 数据处理对象由货币、财务、定量向货币与非货币、财务与非财务、定量与定性转化；

8. 处理的结果不仅要满足企业对外报表的需要，还应当满足其他信息需求者的要求。

四、财务会计数据的加工

数据加工是对数据进行各种计算、逻辑分析、归纳汇总使之转换为有用的信息的过程。数据加工方法因所处理的对象与所达到的目标不同而千差万别。数据处理与加工方法一般分为变换、排序、核对、合并、更新、抽出、分解、生成八种。这八种操作是数据处理中最基本的加工操作。同时，现代高级数据处理系统已经引入了各种现代的技术手段，如采用预测技术、模拟技术、控制论、运筹学等方法对数据进行更高一级水平的加工。

五、财务分析

会计工作的目的之一是提供决策用的财务信息。而财务分析的主要目标有三个方面，即分析公司的获得能力，分析公司的财务状况和偿债能力，分析公司筹资和投资的合理状况。

（一）财务分析的含义

财务分析，亦称财务报表分析，是运用财务报表的有关数据对企业过去的财务情况、经营成果及未来前景的一种评价。财务分析的主要内容是会计报表的分析、财务比率分析和预算分析。

不论是静态的资产负债表，还是动态的利润表和现金流量表，它们所提供的有关财务状况和经营成果的信息都是历史性的描述。尽管过去的信息是进行决策的主要依据之一，但过去未必能代表现在和将来。因此，财务报表上所列示的各类项目的金额，如果孤立起来看是没有多大意义的。必须与其他金额相关联或相比较才能成为有意义的信息，供决策者使用。而这些正是财务分析所要解决的问题。

进行众多信息资料的收集、整理、加工，形成有用的分析结论，在手工会计下是难以全面展开的，而财务分析软件却做到了这一点。在财务分析软件里一般都设置了绝对数分析、定基分析、对比分析、环比分析、结构分析和趋势分析等多种专门的分析方法，提供了从经营者、债权人、投资者等多角度的分段报表选择和数据资源的共享功能，并提供计划情况分析。使分析工作者能轻松地完成对财务会计数据的进一步加工工作，及时、迅速、准确地获取有用的信息，为决策提供正确、客观的依据。财务分析的基本原则是趋势（动态）分析和比率（静态）分析相结合，数量（金额）分析与质量分析相结合，获得能力分析和财务状况分析相结合，分析过去与预测未来相结合。

（二）财务分析的基本方法

财务分析的方法灵活多样，针对分析对象、企业实际情况和分析者的不同会采用不同的分析方法。下面介绍几种常用分析方法。

1. 趋势分析法

趋势分析法是根据一个企业连续数期的财务报表，比较各期的有关项目金额，以揭示当期财务状况和经营成果增减变化及其趋势的一种方法。趋势分析可以做统计图表，以观察变化趋势，但通常用的则是编制比较财务报表的方法。趋势分析的具体方法如下：

（1）比较各项目前后期的增减方向和幅度。先把前后期各项目的绝对金额进行比较，求出增或减的差额，再将所求差额除以前期绝对额，求出增或减的百分比，以说明其变化的程度。

（2）求出各项目在总体中所占的比重（百分比），如利润表中以销货净额为总体（100%），资产负债表中分别以资产总额和权益总额为总体（100%）。比较利润表的分析以及比较资产负债表的分析都使用趋势分析法。

2. 比率分析法

比率分析法是在同一张财务报表的不同项目与项目之间、不同类别之间，或在两张不同财务报表，如资产负债表和利润表的有关项目之间，用比率来反映它们的相互关系，以便从中发现企业经营管理中存在的问题，并据以评价企业财务状况的好坏。分析财务报表所使用的比率以及对同一比率的解释和评价，随着分析资料的使用者着眼点、目标和用途不同而不同。

3. 构成分析法

构成分析法是以报表或账簿上某一关键项目作为基数，计算其构成因素所占项目的百分比。

4. 比较分析法

比较分析法是通过对经济指标在数据上的比较，来揭示经济指标之间数量关系和差异的一种分析方法，主要有绝对数分析法、定基分析法、环比分析法三种形式。

第二节 财务会计数据的综合利用

在现代企业中，会计工作是一项重要的管理工作，财务部门是管理信息的主要来源之一，会计信息系统提供的信息量占企业全部信息量的 70% 左右，企业会计电算化系统的建立和会计核算软件的使用，使会计工作发生了质的变化，会计凭证填制与生成、账簿登记、报表生成以及内部控制都发生了深刻的变化，并产生了丰富的财务会计数据。这些数据如何能加以综合利用，使之在企业管理、经营、分析、预测和决策中发挥更有效的作用，是企业管理者共同关心的问题，也是会计软件发展的趋势之一。计算机在会计工作中的引入，大大加深与拓宽了财务会计数据的利用深度和广度，减轻了会计人员的核算工作量，从而为财务会计数据的综合利用提供了技术手段的保证。进行财务会计数据综合利用的途径有以下几个方面：

一、对会计软件本身提供的数据处理功能进行综合利用

商品化会计软件或者自行开发的会计软件一般都有以下几种功能：

1. 会计业务处理功能，包括财务会计数据输入、财务会计数据处理、财务会计数据输出。

2. 系统控制功能，包括数据完整性、可靠性控制，数据安全性控制和保留足够的审计线索。

3. 系统操作的简便性和容错性，包括系统的菜单或者对话框应该符合日常的会计核算流程，任何操作都应该有必要的提示，对误操作应该有警告和提示信息。

4. 系统的可移植性，即应满足硬件和操作系统的升级需要。

例如，用友 U8 管理软件由财务、购销存和决策三部分组成，各部分相对独立，其功能基本能满足用户的管理需要，并且能融会贯通，有机地结合为整体应用，因而能更进一步满足用户全面经营管理的需要。同时，该软件增加了计划、控制、分析、预测和决策功能，实现了会计软件从事后核算到对过程控制的转变和财务与管理的一体化；提供了应收、应付款管理，资金占用、信贷管理、成本计划、预测和核算，项目管理，费用预算控制，采购管理、库存管理、存货管理、工资管理以及固定资产管理等功能；引入系统管理功能，可以进行财务分析、数据提取、自定义查询等系统内部数据资源的综合利用，从而变静态

管理为动态控制，为预测、分析、决策提供保证，实现真正的决策支持。

二、利用会计软件本身的开放接口进行二次开发

会计电算化信息系统内各子系统之间都存在着数据接口，用以传递各子系统内部之间的信息。这种数据传递通常是依据事先设计好的数据模式，通过计算机按照模式定义，自动采集、加工、处理数据，最后生成传递的数据，并输入到系统间的数据接口或加载到另一个系统中去。然而，在实际业务中，用户对软件的使用和对信息的需求，不全是按照开发上的设计来进行的，不同的用户对数据具有不同的需求。许多会计软件提供将所有的账簿、报表数据转换成 Excel、Foxpro、SQL Server 以及文本文件等格式的功能。提供通过直接从 SQL Server 获取数据的功能。这样做，一方面有利于用户进行系统的二次开发，另一方面使得会计软件更易于与第三方软件结合，充分利用信息资源。例如，用友 U8 管理软件可以借助系统自由表的链接与嵌入功能，在一个应用程序的文档中包含另一个应用程序创建的信息，如在自由表中插入 Excel 电子表格，Word 文档等支持链接与嵌入功能的程序。

三、利用财务分析模块实现数据的综合利用

财务分析是以企业财务报表和其他资料为依据和起点，采用一定的方法，系统分析和评价企业的过去和现在的经营成果、财务状况及其变动，目的是了解过去、预测未来，提供企业集团的辅助决策信息。

财务比率是根据财政部公布的评价单位经济效益的六大类指标体系（共 24 个基本财务指标），并规定其各自相对应的计算公式而形成的。目前，大多数会计软件如用友、金蝶、国强等都设计了财务分析模块，对财务会计数据进行分析比较，提供的分析功能主要有财务指标分析（包括变现能力比率、资产管理比率、负债比率、盈利能力比率等内容），标准指标分析，理想指标分析，报表多期分析，还有变动百分比、结构百分比、定基百分比、历史比率分年分析、财务状况综合评价以及盈利能力、偿债能力、成长能力等指标分析。分析的结果以报表或图形的方式直观地提供给用户。有些软件中还提供了现金收支分析功能，向客户提供现金收支表、现金收支增减表、现金收支结构表等信息。

利用会计软件进行财务分析时，首先要进行一定的初始化操作，用来设定一些基本的分析项目和指标等。然后，指定指标数据的分析日期以及比较日期等时间信息，就可得到相应的分析内容。

（一）财务比率初始化

财务比率指标的数据来源于企业总账系统，初始化的作用在于选定本单位需要分析的具体财务指标，以使指标分析更简洁，清楚地反映分析者的意愿。

操作时，用鼠标双击系统主界面中的指标初始，显示分析指标项目，然后选定具体需

要分析的指标，单击某一指标的比率名称完成操作。

（二）分析日期与比较日期选择

在财务分析模块中，双击系统主界面中指标分析，弹出“基本指标分析”对话框，进行分析日期与比较日期选择。分析日期可以按月、季、年进行选择；比较日期有本年年初与任一期两种选择，在系统中，可以同时选中，也可以只选其中之一。选定任一期作为比较日期，即把“选定分析日期”的指标与将要进行比较的某会计年度中某一期进行比较。例如，选择按月分析，分析日期为 2020 年 2 月，比较日期为 2020 年 1 月。

四、利用会计软件中报表处理功能实现财务分析

虽然各会计软件公司纷纷推出财务分析模块，但由于这些模块往往仅限于对资产负债表、利润表等当年信息数据进行分析，财务分析的数据来源比较单一，计算方式有限，使财务分析工作存在较大的局限性。

利用报表处理子系统中报表格式灵活多样、数据来源多、计算方式多样，有的软件还可调用系统函数等优势，可以弥补分析软件在综合利用财务会计数据时功能的不足。

许多软件的报表功能已日趋强大，不仅能够方便直观地编制报表，而且可以很容易地建立一套财务会计数据分析和财务会计数据核算的模型，以及企业内部的事务管理系统，为会计管理、决策服务。前文介绍的财务分析中的指标、比率均可用报表处理软件实现，甚至利用报表功能还可以进行成本分析和生产管理。

利用会计报表建立财务分析的一般操作步骤如下：

1. 设计和确定一种财务会计数据的分析模型；
2. 进入报表系统，完成报表格式设置，指定报表标题、行列信息等内容；
3. 具体描述报表内容，定义报表项目；
4. 定义每一具体项目的公式，包括取数方式、数据来源、运算公式等信息；
5. 调用报表计算功能，生成分析报表；
6. 打印输出，查询或转出分析结果。

五、利用辅助账管理实现数据综合利用

手工会计下，会计核算方法遵循会计准则和会计制度的要求，按照一个会计核算期内初始建账时所设置的科目体系结构进行数据逐级汇总核算。若想按管理所需要的核算模式进行特殊的会计处理，在手工会计下难以实现。会计电算化后，辅助账管理功能的引入有效地解决了上述问题。辅助账特别是“专项核算”“台账”等功能，是按照“分析核算”和“会计信息重组”的思路进行设置，即在日常所设置的会计科目结构体系进行常规会计核算的基础上，由用户根据自己管理需要进行“任意”的组合，完成账务数据的交叉汇总、分析和统计，生成不同科目结构的会计核算数据，从而达到多角度分析财务会计数据的目的，

如根据企业的商品、部门、人员、地区、项目等进行专项处理，则可获得有关的财务信息。

将多种辅助账簿，如专项核算和台账结合在一起，组合为专项核算台账，则可对某核算项目的信息进行多方位、即时的数据查询，再利用报表功能将辅助账信息进行重组，以表格或图形的方式提供给用户，则更能体现出这一手段的强大功能。

第三节　财务会计软件中数据的获取

财务分析的对象是财务会计数据，如何从会计软件中获得所需的数据，以及如何从不同角度取数是进行财务分析的前提。手工会计下，财务会计数据存放在凭证、账簿和报表等纸介质之中，因此，获取财务会计数据只能靠人工摘录、抄写和复制。会计电算化后，传统的会计的数据处理方式、存储方式、输出方式发生了根本性变化，它可以根据企业管理、分析、预测、决策的各种需要，做到及时、准确地提供丰富的数据源和复杂的计算结果。

一、财务会计数据源分析

根据财务会计数据存放介质和范围的不同，财务会计数据源可以分为以下几种：

（一）手工财务会计数据源

各单位在开展电算化时，不可能一开始就建立完整的电算化核算系统，往往是从账务处理、会计报表子系统开始，逐渐向其他子系统扩展。因此，在电算化工作起始阶段，财务会计数据不能完整地从机内获得，有些数据仍需从手工账簿中获取。

（二）单机环境下的数据源

对于小型企业来讲，会计核算往往在单机中进行。大部分数据存放于本地计算机内且数据不能共享，获取数据时，须借助于软盘等磁介质。

（三）局域网环境下的数据源

越来越多的单位，建立起基于局域网环境下的计算机会计信息系统。在局域网环境中，会计核算工作是在若干个工作站和网络服务器构成的局域网络环境中进行，财务会计数据保存在本地的网络服务器中，单位内部可实现数据资源共享。

（四）广域网环境下的数据源

随着全球以国际互联网为中心的计算机网络时代的到来，一些大型企业、集团公司、跨国公司纷纷建立广域网环境。在广域网环境下，不仅能够即时提供集团公司内部的财务会计数据，而且还能提供丰富的外部信息，不少软件已推出了具有 Web 功能的远程查询系统，供使用者访问不同地区的多种数据源。

（五）辅助数据源

财务分析时除会计信息之外，还需要其他的辅助信息，如市场信息、金融信息、政策信息等，还需从其他管理系统中，如生产管理系统、物料管理系统、人事管理系统中获取信息。

二、从会计信息源中获取信息的途径

（一）一次输入、多次使用

会计软件的设计者充分考虑了数据的共享和重复使用，因而所有的财务会计数据在一次录入后，均可多次重复使用，如采购单录入后，可直接生成凭证，并转入财务处理子系统；成本费用可以在成本核算中录入，进行成本计算后再通过凭证自动生成，引入财务处理子系统，从而为财务会计数据分析模块提供数据源。

（二）查询录入

查询录入是指管理者通过查询和阅读获取数据后，通过人工录入方式将相关数据存入会计管理系统的数据分析文件中。对于没有实现完整电算化的单位而言，这一方式是必不可少的。例如，某单位没有使用固定资产核算模块，若要分析与固定资产有关的数据，就必须从手工账中查阅到该信息后，将其录入计算机。

（三）机内取数

运用会计软件或其他计算机应用软件所提供的取数工具，直接从存储于机内的账务、报表等模块中读取或生成所需的财务分析数据，这是获得财务会计数据的主要途径。

（四）利用数据库本身提供的数据转出获取数据

各种大型数据库都提供了导出功能，可以将指定的数据以指定的文件格式转出，不同的数据库的转出功能可以参照相应的数据库管理手册。有些软件中提供了“查询数据转出”功能，可以直接将查询到的数据引出，提供给财务分析模块使用。

（五）读取存于机外磁介质或光盘介质中的数据

机外磁介质和光盘介质可用来存放会计数据源和辅助数据源文件。会计软件可自动从这些介质上直接获取数据，并将其存放在财务分析模型中。这种方式适用于单机之间数据的传递。例如，某集团公司欲从各销售网点中获取有关销售数据，各网点独立运行单机的销售软件，这时，就要求各销售网点将装有销售数据的软盘送到总公司，由计算机完成自动读取数据的工作。

（六）网络传送

对于局域网络环境来说，财务分析系统可自动从网络服务器上直接获取数据，并将其存入财务分析模型中。例如，在局域网络环境中，不同的财务会计数据（如账务数据、材料核算数据、固定资产核算数据、成本核算数据等）是由不同的子系统产生的，但最终都存放在服务器上，此时，财务分析系统可自动从网络服务器上直接获取数据。

对于采用广域网络环境的单位来说，各分公司、子公司或基层单位的会计业务处理都在不同城市的计算机中完成，并存放在当地计算机或服务器中。总公司、母公司或上级单位所需的财务管理与决策数据来自下属单位，因此，各分公司、子公司或下属单位定期（1天、5 天或 10 天）利用远程通信工具，通过调制解调器、电话线和国际互联网，就可以坐在办公室里，轻轻松松地向其上级单位报送财务会计数据。上级单位在收到所属单位传送的财务会计数据后，便可由财务分析系统自动从主网络服务器上或本地硬盘中直接获取数据。

第四节　大数据与财务会计核算

随着云时代的到来，大数据在众多行业受到了关注，大数据和云计算技术具有对数据快速处理和分析等优势，在互联网时代为各行各业的发展提供了有力的技术支撑。会计核算主要是记录、核算、反映和分析资金在企业经济活动中的变动过程及其结果。会计核算是一门对数据分析和处理要求很高的工作，引入大数据财务运算技术，能够提高会计核算工作的数据处理效率和质量。一般情况下，大数据的财务运算技术主要以云计算为依托，通过复式记账的方法来对财务进行处理，现阶段企业的财务数据信息主要建立在云服务器的数据库上。

一、大数据的定义

大数据是随着互联网技术的发展而出现的新名词，它是指数据的规模巨大且利用现行的软件无法在一定的时间内完成数据抓取、处理、分析和转化的有用数据集合。大数据是一个较为广泛的概念，它的应用范围也较为广阔，如互联网大数据等，对于企业的发展具有推动的作用。当前大数据主要涵盖两种或两种以上的数据形式，方便企业在使用大数据进行数据分析的同时，能够从中寻找到自己想要的信息或内容，一些企业还能够通过大数据对用户的行为习惯和特点进行分析，并将分析的报告作为企业下一阶段产品设计、生产以及广告投放的基础。例如，通过大数据可以调查用户对某一产品的兴趣度，可以分析用户的年龄、性别以及喜好、建议等，可作为市场调查的有力依据。大数据能够高效率、低成本的收集不同容量和频率的新一代处理技术，因而具有成本的优势。

二、大数据对会计核算的影响分析

大数据对企业的很多方面都产生了非常深刻的影响，在会计核算方面也不例外。因此，从这个角度来说，分析大数据对会计核算的影响具有十分重要的意义。

（一）影响了会计核算数据的真实性

在实际的会计核算过程中要求核算的数据必须是真实的，大数据本身包含的数据具有类型丰富、种类多样的特征，另外大数据的来源也是异常多的，其中所包含的数据必定存在不真实的，这就需要会计核算人员能够对大数据的真实性进行检验后再将其应用于实际的会计核算过程中。随着大数据在人们生活中的广泛应用，很多行业对大数据的应用更多看重的是它的实效性，即能够给这个行业的发展带来什么实际的效用和价值，在会计核算中也是如此，当前也越来越重视其实效性。通过对数据实效性的关注，会计核算人员能够对收集到的数据信息进行相应的预测，同时通过分析信息对企业未来的发展方向做出相应的预测。这样就对数据的真实性关注得少了，当前会计核算工作就是在这样的矛盾中进行的。另外，在传统模式中会计核算人员更多分析的是结构性数据，而不会过多关注非结构数据。但是在大数据环境下，会计核算人员开始越来越多地关注非结构化的数据，这对会计核算人员的工作模式是有非常大的影响的。在现在的工作模式下，会计核算人员需要融合两种类型的数据，这对于提升会计核算人员的信息处理水平是非常有帮助的。

（二）有利于企业的风险评估

大数据技术的应用能够使企业关注自身在市场竞争中的地位和形象，了解自身的发展概况，从而能够深入到企业的发展规划中对企业将面对的风险进行评估，使企业能够在信息全球化的形势下立足。风险评估是企业未来发展规划中应预测的内容，企业根据自身的发展经历和发展现状考察外部的市场环境和趋势，对未来的发展态势和前景进行评估，而这些数据主要是通过大数据来获取的。

（三）提高了财务信息的整理和传送效率

企业会计工作应准确和及时地完成，在企业的交易结束以后，会计人员需要对财务信息进行整合与传送。会计人员将信息传送给财务人员，使这些信息能够很好地传送到指定的位置。企业在大数据的影响下能够及时地了解相关数据内容，并确保了数据的时效性，提高了财务信息的整理效率，让财务信息更加清晰有序。

（四）使企业会计信息对外更易理解

由于工作的原因，企业的会计信息有时需要对外进行披露，传统的会计信息，非专业的人士较难看懂。而经过大数据计算分析以后的会计核算信息，用户能够快速浏览并获取其中的重点和精华，也可以快速地找到自己想要了解的信息和内容，这使得会计信息的内容更容易被人所理解。

（五）加深了市场化程度

会计核算工作在以往的发展中，由于其形式是静态的，所以很难满足日益变化的互联网市场竞争需要。大数据技术的应用使得会计核算工作以及效果呈现可以转移到手机终端或 PC 终端，用户能够观测动态的内容，并能够随时对其中的内容进行查阅和浏览，这使会计核算工作的市场化程度加深了。

（六）加速了企业的资金周转

大数据技术的应用依托于互联网技术，而互联网技术的第三方支付平台让资金的流动速度加快。当前企业的资金实际流动状况，通过大数据的报告可以体现出来，企业的财务报告可以将分析的数据结果展现在投资方面前。依托于互联网的多种技术，企业资金的运转更快了。

综上所述，大数据的发展和应用给会计核算工作带来的影响是有利有弊的。在实际的会计核算工作中，大数据的应用应在满足用户服务的基础上实现。企业通过大数据的应用能够为企业自身的发展服务，帮助企业在激烈的市场竞争中找到立足之地，顺应时代发展的潮流。会计核算对数据的精准度以及真实性要求高，大数据在这一方面的数据分析具有一定的模糊性，使其不能完全取代传统的会计核算模式，但是其自身的优势可以为会计核算工作所用，如财务数据信息的整理与传送等，帮助会计工作者提升工作的效率，这也需要会计人员能够与时俱进，不断提升自身的能力素质和水平，学会利用计算机技术来开展会计核算工作，为企业创造更多的经济价值。

第四章　财务会计信息系统维护

所谓财务会计信息系统维护，主要是指对财务会计信息系统软件和硬件系统的修正改造工作。通过系统维护，改正系统存在的错误或不足，完善系统的功能，使系统适应新的环境，保证系统正常运行。

第一节　财务会计信息系统维护概述

系统维护是软件生命周期的最后阶段，也是延续时间最长，费用投入最大的阶段。系统维护是指为了保证系统正常工作，适应系统内、外部环境和其他相关因素的变化而采取的有关活动。系统维护的内容主要有系统软件维护、数据维护、代码维护、设备维护等。

一、系统维护的目的

系统维护的目的包括以下几个方面：

1. 维持系统的正常运行。系统正常运行工作包括数据收集、整理、录入，机器运行的操作工作，处理结果的整理和分发，系统的管理和有关硬件维护，机房管理，空调设备管理和用户服务等。

2. 记录系统运行状况。这是科学管理的基础，包括及时、准确、完整地记录系统的运行状况，处理效率，意外情况的发生及处理等。记录系统运行情况是进行系统评价的基础。

3. 有计划、有组织地对系统做必要修改。系统修改的起因是多方面的，主要包括管理方式、方法及策略的改变，上级的命令、要求，系统运行中出错的情况，用户提出的改进要求，先进技术的出现等。对系统的任何修改都必须非常小心谨慎，有计划、有步骤地执行。

4. 定期或不定期地对系统运行情况回顾与评价，以确定系统发展和改进的方向，完善系统功能，使其适应新环境，得以正常运行。

二、系统维护的重要性

1. 系统维护工作是一项极其重要的工作

这是因为财务会计信息系统是一个比较复杂的系统，当系统内、外部环境发生变化时，系统要能适应各种因素的影响；当用户在使用过程中遇到一些以前没有发生过的问题，或者运行期间不断出现的新要求时，系统要能通过二次开发予以解决。

2. 系统维护工作也是一项经常性的工作

维护的工作量在财务会计信息系统工作中所占比率很大，与此相应的是，系统维护费用也很大。财务会计信息系统的应用对象总是处于动态的变化之中，无论财务会计信息系统设计得如何周密、完善，在实施和运行期间必然会产生偏差。因此，财务会计信息系统维护工作伴随着财务会计信息系统的诞生而产生、发展，直至生命期的终结。具体地说，财务会计信息系统需要进行维护的原因主要包括以下几个方面：

（1）会计制度、法规的变更；

（2）企业管理方式、方法的改变；

（3）会计处理过程或程序的变化；

（4）用户需求的不断增加；

（5）计算机软、硬件系统的更新换代；

（6）原系统设计的某些不完善或错误。

三、系统维护的分类

财务会计信息系统的维护包括软件维护、硬件维护和使用维护等。

1. 软件维护

（1）依据软件维护目的不同进行分类

①纠错性维护，即排除软件在运行中显露出的错误；

②适应性维护，即为适应外界环境变化而进行的修改；

③完善性维护，即为扩充功能或完善性能而进行的修改，如增加打印新的分析报表，改进数据组织或处理方法，缩短某个处理的等待时间等。

（2）依据软件维护的对象不同进行分类

①应用软件的维护。若处理的业务、数据或信息量等发生变化，则会引起应用软件的变化。应用软件的维护是系统维护最重要的内容。

②数据文件的维护。系统的业务处理对数据的需求是不断变化的，数据文件也要适应变化的情况，进行适当的修改，增加新内容或新文件。

2. 硬件维护

硬件维护指对计算机主机及其外部设备的保养，发生故障时的修复和为适应会计电算化软件的运行而进行的硬件调整等。

3. 使用维护

使用维护包括初始化维护、系统环境维护、意外事故维护、计算机病毒的防治等。

第二节 财务会计信息系统的操作权限维护

财务会计信息系统加工、存储的是企业的重要经济数据，对这些数据的任何非法泄露、修改或删除，都可能给企业带来无可估量或无可挽回的严重损失，因此无论是对会计电算化还是对企业而言，安全保密性都是至关重要的。

财务会计信息系统的安全保密工作，通常包括对操作人员使用系统功能的权限设置，以及对操作目标的权限设置两大部分。

一、操作员的权限设置

出于系统安全和数据保密的需要，不同工作内容、岗位和职位的财务会计信息系统操作人员的权力范围也不同。例如，凭证录入人员有权输入、修改凭证，但无权审核凭证，无权修改会计核算的方法，无权变更其他操作员的名称、权限；部门经理有权查询有关账表，却无权更改凭证和账表。操作员权限的设置方案必须认真设计，要从功能处理权和数据存储权两个角度来设计权限的设置方案，还要将计算机操作系统的安全机制与财务会计信息系统的操作权限结合起来考虑，否则会给系统运行带来隐患。

操作权限设置的作用，一是明确财务会计信息系统操作员的注册姓名、代码及口令；二是明确特定的注册代码、口令的权限。任何想进入财务会计信息系统的用户，必须输入注册姓名、对应代码及口令，只有在三者的键入完全正确时，才能进入财务会计信息系统，否则将被拒绝。进入财务会计信息系统后，用户也只能执行授权（权限）范围内的相关功能，如财务会计信息系统中的各种账、表进行的凭证输入、记账、编制会计报表等相应操作。

二、操作目标的权限设置

操作员的操作目标是系统中的文件，具体对应财务会计信息系统，就是系统记录和表达经济业务数据的各个文件。操作目标的权限设置就是指通过对不同类型的文件或目录设置适当的属性，约束或限制删除、改名、查看、写入及共享等操作，以达到保密、安全的目的。对于某个特定的操作目标，一般可进行以下几种权限设置：管理员权限、只读文件权限、写文件权限、建立新文件权限、删除文件权限、修改文件权限、查找权限和修改文件属性权限等。根据用户代码、口令级别的不同，可将以上权限全部或部分授予用户。

文件的属性有多种，且有些还可对网络用户发生作用。在微软的 FAT 数据格式中，用于保密安全的有下列属性：

1. 只读属性

如果文件具有这种属性，则只能读取该文件，但不能修改和删除该文件的内容。因此与该属性相对的是读写属性，具有读写属性的文件可以被用户读取、写入、改名及删除。

2. 隐含属性

如果文件具有这种属性，则文件在对文件名列表时不显示出来，因此不知道该文件的名字的用户，就不能感知该文件的存在。

3. 系统属性

与隐含属性相似，如果文件具有系统属性，即为系统文件，则其不在列表清单中显示出来。这样，可防止文件被删除或被拷贝。

以上各类权限既可单独使用，也可配合使用，在实际工作中，通常是配合使用。配合使用时需注意的是，文件属性保密性优先于用户等效权限。以只读属性为例，如果文件是只读文件，则不论用户等效权限如何，用户对该文件只能读，不能写、换名和删除。

在网络化的财务会计信息系统应用中，以上诸属性尚达不到系统安全的目的，应当使用微软的 NTFS 数据格式，或其他安全级别更高的操作系统。

第三节　财务会计信息系统运行维护

财务会计信息系统运行维护，主要是指为保证系统正常运行而对系统运行环境进行的一系列常规工作或措施，包括外界的物理环境及系统内部环境。

一、系统运行环境维护

财务会计信息系统要想可靠运行，必须要有良好的外界环境。由于人们往往对不良环境可能对计算机系统造成的危害认识不足，当计算机发生物理损坏、程序出错、数据丢失、输出结果异常时，这就需要从计算机运行的外界环境方面找问题。

（一）外界环境的影响因素

计算机所处外界环境的好坏主要取决于供电电源、温度、静电、尘埃四大因素。

1. 供电电源

计算机对供电质量和供电连续性要求很严，它要求连续的、稳定的、无干扰的供电，俗称“清洁”电源，若直接使用普通的工业供电系统给计算机系统供电，则存在以下三个主要问题：

（1）供电线路环境噪声

输电网的电力调节、电力设备的启停、闪电、暴雨等均可产生电噪声干扰和瞬变干扰。据统计，这类干扰占典型供电环境的 90%，而计算机 50% 的错误是由这类干扰引起的，轻则使程序出错、数据丢失，重则能击穿计算机的芯片，使机器损坏。

（2）电压波动

电压波动既可以是瞬间波动，也可以是较长时间的过压或欠压供电，如照明灯的忽明忽暗，就是电压波动的表现。无论是瞬间波动或过压、欠压供电，都会对计算机产生冲击电压或浪涌电压，使计算机出错或损坏。

（3）停电

停电既可以是供电停止，也可以是瞬间断电。所谓瞬间断电是指从宏观上看，供电并未停止，只是在某一瞬间，即在几个毫秒内断了电，然后又马上恢复了。对于瞬间断电，人们往往不熟悉，也不易察觉，计算机对此却十分敏感。无论是突然停止供电还是瞬间断电，都会产生严重的后果，甚至有可能损坏或损伤硬盘。

2. 环境温度

不良的环境温度会严重损害计算机的存储器和逻辑电路，加速电子元件的老化。因此，一般计算机禁止在低于 5℃或高于 35℃的温度下使用或存放。经验表明，温度过高就会大大增加存储器丢失数据和使计算机发生逻辑错误的机会。过低或过高的温度还可能会使硬盘“划盘”，使硬盘遭受损坏。

3. 静电

积累在物体身上的静电荷，会对计算机造成严重破坏。人们在地毯上行走可产生高于 1.2 万伏的静电，在正常温度范围内，即使是在乙烯地板上走动也可产生 4000 伏静电。已得到证实的是，仅仅 40 伏的静电就可使微机产生错误。静电与湿度有密切的关系，如果室内相对湿度低于 40%，静电的危险性就大为增加；如果湿度高于 60%，又会增加凝聚的危险性，引起电接触不良甚至腐蚀，或引起电子器件短路。

4. 尘埃

灰尘不仅是软盘和磁头的大敌，也是其他计算机设备的大敌。

（二）外界环境的改善与维护

为改善、维护外界环境，一般应建设专用机房并安装空调，保持室内清洁和适当的湿度，有条件的还应装防静电地板。对于供电电源，必须做到以下几点：

1. 采用专用干线供电，线路上不安装其他大型用电设备；
2. 计算机应接入同一供电线路或电源，并统一接地，以减少电源相位差所产生的噪声；
3. 各台计算机与终端应装上分开关，以减少使用统一开关所产生的浪涌电压；
4. 在电源后面安装具有滤波和隔离功能的电源稳压器，以抑制瞬变干扰、冲击电压、浪涌电压的危害，使电压得到稳定；
5. 在稳压电源后面接入不间断电源，以保证突然断电时有充足时间采取必要的防护措施。

二、系统内部环境维护

所谓内部环境是指财务会计信息系统运行的软、硬件环境，如果软、硬件环境不能满足要求或不匹配，系统也不能正常运行。

（一）硬件环境维护

对企业而言，硬件维护的主要工作是在系统运行过程中出现硬件故障时，及时进行故障分析，并做好检查记录，在设备需要更新、扩充、修复时，由系统管理员与维护人员共同研究决定，并由维护人员安装和调试。系统硬件的一些简单的日常维护工作通常由软件维护人员兼任，主要工作则由硬件销售商负责。以下是企业中较常见的硬件日常维护工作：

1. 硬盘、内存的有关维护

会计电算化软件正常安装、运行需要较多的存储空间，即需要足够大的硬盘空间。在将会计电算化软件安装到硬盘上之前，首先要检查并清除硬盘上的病毒，删除硬盘上不需要的文件、目录（或文件类），重整硬盘文件；其次，在会计电算化软件日常运行时，可以通过删除硬盘上保存的已备份过的以前年份的数据来缓解硬盘空间的紧张形势，也可以通过关闭一些任务的窗口来释放内存空间。在微软的 Windows 操作系统系列产品中，要定期对其注册表进行维护，以提高系统的工作效率。

2. 打印机、显示器的有关维护

财务会计信息系统运行中，经常需要对记账凭证、日记账、报表等进行查询和打印。查询结果需要通过显示器和打印机输出。每一种类型的显示器和打印机都有各自的驱动方式。目前，计算机的外部设备大多具备即插即用和热插拔的功能，但对于一些较陈旧的设备，或是比财务会计信息系统所用操作系统版本更新的设备，系统就不能自动地正确识别。因此，会计电算化软件要正常运行，必须选择与之相适配的显示、打印驱动程序。

（二）软件环境维护

财务会计信息系统投入运行后，可能需要对系统的功能进行一些改进，这就是软件维护工作。软件维护与数据维护是系统生命周期的最后一个阶段，工作量最大，时间也最长。对于使用商品化会计核算软件的企业，软件维护主要由会计软件公司负责，企业只负责操作与数据维护。财务会计信息系统数据维护的目的是使系统的数据映像能够准确地反映企业资金的历史状态、运行状态与现时状态。对于自行开发会计核算软件的企业，需设置专职系统维护员，负责系统的软、硬件维护工作。软件维护主要包括以下内容：

1. 正确性维护旨在诊断和改正使用过程中发现的程序错误。

2. 适应性维护是配合计算机科学技术的发展和会计准则的变更而进行的修改设置活动，如会计软件的版本升级、会计年度初始化、月初始化工作等。

3. 完善性维护是为满足用户提出的增加新功能或改进现有功能的要求，对软件进行的修改。相当多的企业，受财力、人力所限，最初只在会计核算方面实现了电算化，使用一段时间后，人们往往希望将会计电算化范围扩展至会计计划、会计分析、会计决策等方面，这时就必须对原会计电算化软件进行修改和完善。

4. 预防性维护是为给未来的改进奠定更好的基础而修改软件。

决定软件可维护性的主要因素是软件的可理解性、可测试性和可修改性，因为在系统维护前只有理解需维护的对象才能对之进行修改；在修改后，只有进行了充分测试，才能确保修改得正确。因此，在系统开发、维护过程中，要保留完整、详细的文档资料。对于商品化会计软件来说，其应用系统的操作功能维护比较困难，一般应由软件生产商来进行。如果对现有系统的维护费用已超出或接近重新开发一个新系统时，就应报废现有系统，重新开发一个新系统。

第四节 计算机系统与网络安全维护

影响计算机系统与网络安全的因素很多，有的来自系统内部，有的来自系统外部。本节主要讨论来自外部的影响因素，来自系统外部的安全隐患，主要有计算机病毒和黑客的攻击。

一、计算机病毒的防治

所谓计算机病毒是指编制或者在计算机程序中插入的破坏计算机功能或者毁坏数据，影响计算机使用，并能自我复制的一组指令或者程序代码。

（一）计算机病毒的特点

1. 计算机病毒是一个指令序列

计算机病毒是程序，但不是一个完整的程序，而是寄生在其他可执行的目标程序上。

2. 计算机病毒具有传染性

一个计算机病毒能够主动地将其自身的复制品或变种传染到其他对象上，这些对象可以是一个程序，也可以是系统中的某些部位，如系统的引导记录等。

3. 计算机病毒具有欺骗性

计算机病毒寄生在其他对象上，当加载被感染的对象时，病毒即侵入系统。计算机病毒是在非授权的情况下具有一定欺骗性而被加载的，此即“特洛伊木马”特征。

4. 计算机病毒具有危害性

计算机病毒的危害性又称破坏性，包括破坏系统，删除、修改或泄露数据，占用系统资源，干扰系统正常运行等。此外，计算机病毒一般都比较精巧、隐蔽和顽固。计算机病毒侵入系统后一般并不立即发作，而是经过一段时间，满足一定条件后才发生作用，这就为其自我繁殖和破坏争取了时间。

（二）计算机病毒的判别

目前，理论上并不存在一种能自动判别系统是否感染病毒的方法，以下是一些计算机病毒发作时的常见现象：

1. 操作系统无法正常启动，数据丢失；

2. 能正常运行的软件发生内存不足的错误；

3. 通信和打印发生异常；

4. 无意中要求对可移动存储器进行写操作；

5. 系统文件的时间、日期、大小发生变化，文件目录发生混乱；

6. 系统文件或部分文档丢失或被破坏；

7. 部分文档自动加密码；

8. 磁盘空间迅速减小，运行速度明显变慢；

9. 网络驱动器卷或共享目录无法调用；

10. 屏幕出现一些不相干的信息；

11. 自动发送电子函件；

12. 使主板 BIOS 可实现软件升级的程序混乱，主板被破坏；

13. 出现陌生人发来的电子函件；

14. 网络瘫痪，无法提供正常的服务。

（三）计算机病毒的防治措施

为了加强对计算机病毒的预防和治理，保护计算机信息系统安全，保障计算机的正常应用与发展，根据《中华人民共和国计算机信息系统安全保护条例》的规定，公安部制定了《计算机病毒防治管理办法》。在《计算机病毒防治管理办法》中指出："计算机信息系统的使用单位在计算机病毒防治工作中应当履行下列职责：

1. 建立本单位的计算机病毒防治管理制度；

2. 采取计算机病毒安全技术防治措施；

3. 对本单位计算机信息系统使用人员进行计算机病毒防治教育和培训；

4. 及时检测、清除计算机信息系统中的计算机病毒，并备有检测、清除的记录；

5. 使用具有计算机信息系统安全专用产品销售许可证的计算机病毒防治产品；

6. 对因计算机病毒引起的计算机信息系统瘫痪、程序和数据严重破坏等重大事故及时向公安机关报告，并保护现场。"

《计算机病毒防治管理办法》还指出："任何单位和个人在从计算机信息网络上下载程序、数据或者购置、维修、借入计算机设备时，应当进行计算机病毒检测。任何单位和个人销售、附赠的计算机病毒防治产品，应当具有计算机信息系统安全专用产品销售许可证，并贴有'销售许可'标记。从事计算机设备或者媒体生产、销售、出租、维修行业的单位和个人，应当对计算机设备或者媒体进行计算机病毒检测、清除工作，并备有检测、清除的记录。"

计算机病毒对信息安全提出了巨大的挑战，特别是近年来，计算机病毒采用的技术越来越高明，并朝着更好地对抗反病毒软件，更好地隐蔽自身的方向发展。计算机病毒采用的技术有对抗特征码技术、对抗覆盖法技术、对抗驻留式软件技术、对抗常规查毒技术和其他技术。为了对抗这些日益发展的病毒，反病毒软件也必须采用新的技术。目前较为实用的有虚拟机技术、指纹识别技术、驱动程序技术、计算机监控技术、数字免疫系统、网络病毒防御技术和立体防毒技术等。

对于计算机病毒的防范，一是要在思想上重视、管理上到位，二是依靠防杀计算机病毒软件。必须通过建立合理的计算机病毒防范体系和制度，及时发现计算机病毒侵入，并采取有效手段阻止计算机病毒的传播和破坏，恢复受影响的计算机系统和数据。从加强系统管理入手，制定出切实可行的管理措施：①安装病毒检测软件，对计算机系统做实时监控和例行检查；②控制可移动存储器的流动，慎用不知底细的软件；③用户的权限和文件的读写属性要加以控制；④尽量不要直接在服务器上运行各类应用程序；⑤服务器必须在物理上绝对安全，不能让任何非法用户接触到该服务器；⑥在互联网接入口处安装防火墙式防杀计算机病毒产品；⑦安装数据保护设备，如硬盘保护卡和加密控制器，保证系统软件和重要数据不被未经授权地修改；⑧在外网单独设立一台服务器，安装服务器版的网络防杀计算机病毒软件，并对整个网络进行实时监控；⑨建立严格的规章制度和操作规范，定期检查各防范点的工作状态。

对于当前的病毒威胁而言，最好是采用主动病毒防护系统，为网络提供始终处于活动状态、可以实时升级的防病毒软件。当新的病毒出现时，该系统会立即对防病毒软件自动进行升级。

二、计算机网络安全维护

随着计算机互联网的发展，会计软件的运行环境也从单机系统发展到局域网和互联网。但无论是企业单位或政府部门，只要将计算机系统接入互联网，就会感受到来自网络安全方面的威胁，就有可能遭受来自网络另一端的人为的恶意攻击。这些来自外部的攻击有可能使正常运行的系统遭受破坏；有可能窃取企业单位的机密数据；有可能仅仅是某些高手们的恶作剧。据统计，平均每数秒就会有一个网站遭到入侵。

系统防范与非法入侵是一对不断斗争的矛盾双方，目前还没有哪一个系统能够十分有把握地宣称可杜绝入侵，就连大名鼎鼎的软件帝国微软公司的电脑系统，也在 2000 年 10 月被神秘的黑客攻破。电子商务和大型网站被攻击而引起的安全热潮，把信息安全推向了计算机应用的前沿。

为了财务会计信息系统的安全，并且使其能在电子商务活动中支持正常的经济业务和贸易，必须给企业网络系统构筑安全防线。为保证系统安全，需要在网络系统安装适当的防火墙产品。

财务会计信息系统的管理员应该在安全检测、网络安全监控、链路加密、网页恢复等方面进行系统维护工作。具体的工作可以在事故发生的事前、事中和事后三个阶段进行控制。

事前阶段可使用网络安全漏洞扫描技术，对网络进行预防性检查，及时发现问题，可以模拟黑客的进攻，对受检系统进行安全漏洞和隐患检测；事中阶段的目标是尽可能早地发现事故苗头，及时中止事态的发展，将事故的损失降低到最小；事后阶段要研究事故的起因，评估损失，追查责任，进行多层次、多方位、多手段的电子数据取证，以追查事故源头。

随着互联网的发展和应用的深入，黑客入侵事件变得越来越频繁，仅仅依靠传统的操作系统加固、防火墙隔离等静态安全防御技术已经远远无法满足现有网络安全的需要了。入侵检测系统是近年来发展起来的动态安全防范技术，其通过对计算机网络或系统中的若干关键信息的收集与分析，从中发现是否有违反安全策略的行为和被攻击的迹象。这是一种集检测、记录、报警、响应于一体的动态安全技术，不仅能检测来自外部的入侵行为，同时也可监督内部用户的未授权活动。

第五节　财务会计信息系统的二次开发

根据不断变化着的市场及企业内部管理的需求，企业亟须得到各种各样的、大量的、全方位的信息，特别是有关经济业务的信息，以便对这些信息进行分析，为管理决策服务。财务会计信息系统在其开发时，虽然考虑到使系统尽量满足用户的需求，但针对用户的特殊要求，以及企业内部与外部的条件和环境的变化，往往需要对会计电算化软件进行二次开发。

若企业的会计软件是通过自行开发或委托开发人员为本单位定制的系统，一般对其进行的二次开发最好由系统的原班开发人员来完成。但是在这种情况下，往往不易区分软件的维护工作与二次开发工作的界限。

对于商品化会计核算软件而言，为了方便用户的使用，提高会计核算软件的生命力，商品化会计核算软件在其推出之时，就十分重视最终用户对该产品二次开发的需求，并为此提供了若干二次开发的接口。由于商品化软件往往只提供可执行的二进制代码，因此对其数据处理部分进行二次开发比较困难。为了使软件的功能满足不断发展和变化着的管理工作的需要，可以采取对软件产品的版本进行升级的方法来达到二次开发的目的。商品化会计核算软件主要提供了数据输入与数据输出两个方面的二次开发接口。

一、数据输入的二次开发

为了严格地执行会计核算制度，商品化会计核算软件的数据输入设计对操作的控制十分严格，其软件产品提供的输入界面与数据（记账凭证）输入的内部程序控制关系一般不允许用户自行修改。在商品化会计核算软件中，为了接收系统外部数据的输入，如接收来自材料核算子系统、固定资产核算子系统、成本核算子系统、工资核算子系统、产品及销售子系统转入的机制凭证，以及数据的远程录入，软件产品中一般是提供一种标准数据结构的缓冲区来存放这些外来数据。对于以上这些从外部输入的数据，首先将其一律预先存储在这个标准数据结构缓冲区中，然后经过该系统原设计的数据输入通道再将缓冲区中的数据向账务处理系统导入。商品化会计核算软件就是应用这种标准结构方式，接收会计核算数据的脱机输入、支持记账凭证数据的多点采集、接收财务会计信息系统中各功能核算子系统中产生并传送过来的机制记账凭证。

对于为满足系统的需要，经二次开发形成的新的功能子系统或子模块而言，其数据向会计核算账务处理系统的导入，也可利用这一特性。

二、数据输出的二次开发

财务会计信息系统全面、完整地记录了会计核算数据，而如何用好这些数据，提高信息的利用率，是信息系统不断追求的目标。商品化会计核算软件为了方便用户，预先提供了一些样表，如资产负债表、损益表、现金流量表，以满足对标准会计报表的编制与输出。出于数据输出二次开发的需要，还要求许多不同格式的输出表格形式，以直接对会计核算系统中的数据进行分析。对于各种不同的数据需求方式，可以通过会计核算软件的自定义报表功能、数据导出功能、系统数据的直接访问等方式来得到二次开发所需要的数据。

（一）自定义报表

商品化会计核算软件一般都提供用户自定义报表的功能，其工作原理类似于 Excel 等电子表格的形式。为了进行特殊的数据分析与输出需要的报表，用户可以通过对报表格式、报表项目、取数公式进行定义，自行设计新的报表格式。商品化会计软件系统也相应地提供一系列针对会计核算与分析应用的标准函数或子程序，以便于用户在构建取数公式时调用。

（二）数据导出

通常对于各种计算机应用程序而言，都提供了一个数据导出功能，此功能一般可以在该软件主菜单“文件”项目中的“另存为”中实现。在商品化会计核算软件中一般也提供“数据导出功能”。在 Windows 操作系统环境下运行时，会计软件产品一般都采用 ODBC 数据协议提供数据导出功能，这样，可以方便地将会计系统中的内部数据格式导出，并转换为 Excel 电子表、FoxPro 数据库、Access 数据库、LOTUS 1-2-3、HTML、纯文本文件等数据格式。数据导出方式，一方面具有操作简便、有效，输出的各种数据格式符合标准等优点。另一方面也存在以下不足：使用数据导出时，首先要求用户开启商品化会计核算软件并进行交互式操作，人工进行干预；其次，在数据导出时，操作人员指定并键入的数据输出文件名要符合要求，否则会影响后续数据处理软件的正常运行；最后，数据导出方式不利于通过程序控制、自动执行来完成二次开发所要求的数据处理功能。

（三）直接数据访问

只要知道系统数据的存储格式，就可以直接对商品化会计核算软件系统中的数据库直接进行访问和提取数据。为了保证会计系统数据的完整性，采用对数据直接访问的手段应严格避免对原系统数据的修改、删除等操作，仅保留数据操作的读取权。

为了使会计人员不仅会使用会计软件，而且会对会计软件进行维护，会综合利用会计核算软件系统的已有数据进行财务分析，会在会计软件的基础上进行二次开发，许多商品化会计核算软件产品在会计软件的产品技术手册中，对最终用户公布了会计核算软件的数据处理流程、主要功能程序的模块结构、数据存储结构等技术资料，以便于人们对财务会计信息系统进行更高水平的应用。

第五章　财务会计信息系统的内部控制与审计

目前，财务会计信息系统在会计工作中的运用越来越广泛，会计电算化不仅显著提高了核算效率和准确率，而且打破了制约企业财务管理的瓶颈。但是，财务会计信息化标准和业务规范仍然有很多不足之处，还存在会计监管工作滞后及审计效率低等问题。本章主要探讨财务会计信息系统在内部控制和内部审计方面的措施，以期为财务会计工作提供一些借鉴和参考。

第一节　财务会计信息系统的内部控制

内部控制指由企业董事会、管理层和全体员工共同实施的对企业生产经营和财务报告产生过程的控制，是为保证企业战略的贯彻、经营的效率效果的完成、财务报告的可靠、资产的安全完整以及现行法规的遵循等目的而提供合理保证的过程。换言之，内部控制包括组织机构的设计和企业内部采取的所有用于保护企业财产、检查企业会计信息准确性和可靠性、提高经营效率和效益、推动企业坚持执行既定的管理方针的相互协调的方法和措施。

一、内部控制的目标和基本原则

（一）内部控制的目标

1. 防范资产损失

对企业主要资产，如货币资金、应收账款、材料物品、固定资产、长期投资等的存取予以授权；为企业资产分别设立各自账户予以记录；通过对账核实，对各种资产的现状及使用变动情况予以监控。

2. 确保业务记录的有效性、完整性、正确性

不允许没有真正发生的虚构经济业务登记入账，而要求已授权且已发生的所有经济业务，在合适的时候以适当的金额登记适当的账户，即被正确地确认、计量。

3. 确保会计信息的输出符合相关的处理规则

保证会计系统按公认会计原则，完整、及时地报告会计信息，如编制资产负债表、损益表、现金流量表等。同时，还要对各种会计档案、会计信息建立必要的使用与防护控制，

如配置专人负责会计档案的保管、分发和回收。建立会计档案使用授权、登记制度，以确保信息传播的有效性和会计档案的安全性。

4. 为审计提供足够的线索

在设计和开发电算化会计系统时，必须注意审计的要求，使系统在数据处理时留下新的审计线索，以便审计人员在电算化环境下也能跟踪审计线索，顺利完成审计任务。

（二）内部控制的基本原则

1. 合法性原则

内部控制应当符合法律、行政法规的规定和有关政府监管部门的监管要求。

2. 全面性原则

内部控制在层次上应当涵盖企业董事会管理层和全体员工，在对象上应当覆盖企业各项业务和管理活动，在流程上应当渗透到决策、执行、监督、反馈等各个环节，避免内部控制出现空白和漏洞。

3. 重要性原则

内部控制应当在兼顾全面的基础上突出重点，针对重要业务与事项、高风险领域与环节采取更为严格的控制措施，确保不存在重大缺陷。

4. 有效性原则

内部控制应当能够为内部控制目标的实现提供合理保证。企业全体员工应当自觉维护内部控制的有效执行。内部控制建立和实施过程中存在的问题应当能够得到及时地纠正和处理。

5. 制衡性原则

企业的机构、岗位设置和权责分配应当科学合理并符合内部控制的基本要求，确保不同部门、岗位之间权责分明，有利于相互制约、相互监督。履行内部控制监督检查职责的部门应当具有良好的独立性。任何人不得拥有凌驾于内部控制之上的特殊权力。

6. 适应性原则

内部控制应当合理体现企业经营规模业务范围、业务特点、风险状况以及所处具体环境等方面的要求，并随着企业外部环境的变化、经营业务的调整、管理要求的提高等不断改进和完善。

7. 成本效益原则

内部控制应当在保证内部控制有效性的前提下，合理权衡成本与效益的关系，争取以合理的成本实现更为有效的控制。

二、信息化环境下企业内部控制面临的挑战

信息化提高了企业内部控制的效率，同时也改变了企业内部控制的运行环境、控制范围、控制重点和控制方式。这对于原本就在内部控制制度方面不甚健全的中小企业来说，

增加了内部控制的难度与复杂性，并带来了新挑战。

1. 数据安全性遭遇严峻挑战

在手工会计系统中，原始凭证以纸张作为载体，有签章并留有文字记录，数据一旦被修改就会留下痕迹和线索。企业实施信息化后，企业内部控制的环境发生了变化，内部控制的重点也由对人的控制转变为对人、计算机、网络等信息设备和环境的控制。

2. 身份识别与权限控制难度增加

在手工会计系统中，一项经济业务从发生到形成相对应的会计信息，所经历的每个环节都要求具有相应管理权限的人员签字或盖章，有效地防止了伪造、篡改会计数据等作弊行为。会计实现信息化后，使原来人与人间的联系部分转为人与计算机系统间的联系，身份识别与权限控制难度大大增加。

3. 内部控制的复杂性凸显

在手工会计环境下，通常会设置相互牵制的会计岗位，整个会计工作必须按一定的程序完成，并通过会计业务的相互稽核进行控制。例如，前面出现的错误往往可以经过后续工作的审查与复核得以发现并修正。信息化后，大部分会计处理工作都由计算机自动完成，这种数据处理的集中性使得传统的组织控制功能减弱。

4. 复合型人才普遍缺乏

在传统环境下，会计人员只要懂会计知识，一般就能适应工作。而信息化后，对企业会计人员提出了更高的要求，会计人员不仅要精通会计专业知识，还要熟悉计算机和网络知识。

目前，中小企业的会计机构普遍比较简单，而且从整体上看，会计素质不高，计算机知识薄弱，尤其缺乏专业精、懂管理、掌握一定信息技术，具有灵活性、创造性的“复合型”人才，这在一定程度上成为信息化环境下实施内部控制的瓶颈。

第二节　一般控制

一般控制是指对电算化财务会计信息系统的组织、开发、应用环境等方面进行的控制。其目的是建立对计算机信息系统活动整体控制的框架环境，并对达到内部控制的整体目标提供合理的依赖程序。一般控制主要包括组织和操作控制、硬件和软件控制、系统安全控制等。

一、组织和操作控制

（一）组织控制

由于企业的组织结构决定企业内部各部门、各岗位、各员工之间的职责关系，因此企业的组织结构是一种内在的控制。在设计企业的组织结构时要充分考虑和实现职责分离的控制目的，合理划分不同岗位或员工的职责，尤其是要分离不宜兼容的岗位职能。一般来说，一项完整的作业要由两个或两个以上的岗位或员工共同完成，以利于相互复核和牵制。在合理的职责分工下，工作人员将难以舞弊和自行掩盖，从而有效地减少差错或舞弊。不同处理方式的信息系统，其组织控制的形式和内容也不同。对财务会计信息系统而言，其组织控制主要表现为以下几个方面：

1. 处理与控制会计资料的信息系统职能部门与业务部门职责分离

信息系统职能部门直接负责管理、操作、维护计算机和会计软件系统，即只负责数据的记录、处理，而避免参与业务活动。具体包括：①所有业务活动均应由用户部门完成或授权；②信息系统部门无权私自改动业务记录和有关文件；③所有业务过程中发生的错误数据均由用户部门负责或授权改正；④信息系统部门只允许改正数据在输入、加工和输出过程中产生的错误；⑤所有现行系统的改进、新系统的应用及控制措施都应由受益部门发起并经高级管理员授权，未经有关部门批准，业务部门无权擅自修改现有应用程序；⑥所有资产的保管均不由系统职能部门负责。

《会计电算化工作规范》要求将会计岗位分为基本会计岗位和会计电算化岗位。其中基本会计岗位负责经济业务的确认、计量与报告，会计电算化岗位直接负责管理、操作、维护计算机和会计软件系统。

2. 信息系统部门内部的职责分离

首先，在系统设计、开发与会计数据处理之间必须明确分工。系统设计开发只负责系统分析、设计、程序编码、调试、维护、数据库的设计与控制、编写用户手册等。数据处理只负责会计业务数据的处理和控制。系统开发与数据处理应由不同的人员承担。其次，为减少差错，防止舞弊，在数据准备、数据操作、文档管理等数据处理各环节之间也应进行一定的职责分离。《会计电算化工作规范》中规定，电算化岗位包括电算主管、软件操作、审核记账、电算维护、电算审查、数据分析、会计档案资料管理、软件开发等。

当然，内部控制的方法与措施的有效性有赖于人员的执行，有赖于执行情况及时和真实的反馈。因此组织控制还应对人员进行考核及奖惩，如制定晋升制度、岗位轮换制度，定期休假制度，内部督查、审计制度等。

（二）操作控制

所谓操作控制就是制定和执行标准操作规程，以保证系统运行的规范化、制度化和操作人员的合法化。操作控制的主要内容包括以下几个方面：

1. 计算机系统使用管理

首先，应建立科学合理的机房管理制度，对设备的使用、程序的生效、文件的处置等制定出明确的规定，防止非指定人员进入机房操作计算机系统，以保护设备、程序、数据的安全；其次，制定数据文件的管理规则，包括数据文件的保留限期、存放地点、保管人员、使用控制等方面的内容；最后，为提高数据的共享性、兼容性，还应建立软件使用制度，同时制定一些应对突发事故的补救措施。

2. 操作管理

制定规范的操作制度和程序，以保证上机操作人员的合法性。明确规定上机操作人员对会计软件的操作内容和权限。操作权限控制是指每个岗位的人员只能按照所授予的权限对系统进行作业，不得超越权限接触系统。系统应制定适当的权限标准体系，使系统不被越权操作，从而保证系统的安全。操作权限控制常采用设置口令来实行。每次工作完毕应及时做好所需的数据备份工作。

3. 运行记录制度

记录并保存系统操作和会计信息的使用情况，如记录操作人员、操作时间、操作内容、故障情况等。

二、硬件和软件控制

所谓硬件和软件控制是指为及时发现、查验、排除计算机故障，确保财务会计信息系统正常运行而采用的计算机软、硬件控制技术和有关措施。

常用的计算机硬件控制技术有冗余校验、奇偶校验、重复处理校验、回波校验、设备校验、有效性校验等，通常由设备生产厂家负责实施。

软件控制包括文件保护、安全保护机制和自我保护等内容。

（一）文件保护

文件保护主要通过设置、核对文件内部标签来防止未经授权的文件使用和修改。文件内部标签是以机器可读的形式存储于磁盘或磁带中，一般占据文件目录的若干字节，以提供文件名称、文件编号、建立日期、所有者、进入口令、识别密码、文件记录数和保留日期等信息。

（二）安全保护机制

安全保护机制主要通过设立各类工作人员的存取权限，自动建立系统使用的人员及操作记录等来防止未经授权的系统使用。例如，安易公司的软件产品“安易 2000GRP”，就分别在系统级、数据库级、功能级、数据级、数值级等五个级别设置了安全控制机制。

（三）自我保护

自我保护主要包括两个内容：一是系统开发和维护的控制与监督（如程序的编号，维护的授权，只有使用专门指令才能动用和修改现有应用程序等）；二是出错处置程序，当计算机在程序、设备或操作出现错误时，仍能继续正常运行，不死机。

三、系统安全控制

通常计算机系统安全从保密性、完整性、可用性三个方面予以衡量。保密性是指防止计算机数据非法泄露；完整性是指防止计算机程序和数据的非法修改或删除；可用性是指防止计算机资源和数据的非法独占，当用户需要使用计算机资源时要有资源可用。因此，系统安全控制应涉及计算机和数据两方面的安全控制。系统的可靠性、信息的安全性以及信息处理的正确性均有赖于强有力的系统安全控制。

（一）计算机的安全控制

首先，应建立计算机接触控制，严格控制未经授权人员进入机房，保证仅有授权人员方可接触到系统的硬件、软件、应用程序及文档资料；严格执行已建立的岗位责任制和操作规程，实施有效的上机授权程序。其次，建立系统环境安全控制。妥善选择系统工作场地，配备必需的防护和预警装置或设备，同时还应采取必要的“灾难补救”措施，建立后备系统等。

（二）数据安全控制

数据安全控制的目标是要做到在任何情况下数据都不丢失、不损毁、不泄露、不被非法侵入。通常采用的控制包括接触控制、丢失数据的恢复与重建等，确保一旦发生数据非法修改、删除，可及时将数据还原到原有状态或最近状态。数据的备份是数据恢复与重建的基础，网络中利用两个服务器进行双机镜像映射备份是备份的优选。

（三）网络安全控制

网络安全性指标包括数据保密、访问控制、身份识别、不可否认和完整性。具体可采用的安全技术主要包括数据加密技术、访问控制技术、认证技术等。

第三节　应用控制

应用控制是对财务会计信息系统中具体的数据处理活动所进行的控制。其重点在于全部交易均已经过合法授权并被正确记录、分类处理和报告。应用控制常可分为输入控制、处理控制和输出控制。

一、输入控制

输入控制的目的一是确保完整、及时、正确地将经济业务信息转换成机器可读的形式并输入计算机，而不存在数据的遗漏、添加和篡改；二是及时发现与更正进入财务会计信息系统的各种异常数据，或者将其反馈至相关业务部门重新处理。

常用的输入控制方法包括：①建立科目名称与代码对照文件，以防止会计科目输错；②设计科目代码校验，以保证会计科目代码输入的正确性；③设立对应关系参照文件，用来判断对应账户是否发生错误；④试算平衡控制，对每笔分录和借贷方进行平衡校验，防止输入金额出错；⑤顺序检查法，防止凭证编号重复；⑥二次输入法，将数据先后或同时由两人分别输入，经对比后确定输入是否正确。

依据数据输入过程的逻辑性，输入控制应包括数据收集控制、数据分批和转换控制。

（一）数据收集控制

数据收集控制是指对经济业务原始交易数据的人工收集、分类、记录过程的控制。它主要包括建立和执行合理的凭证编制、审核、传递、保管程序；合理设计凭证，明确规定各栏次的内容，并预留空栏供交易授权和责任确认；业务的授权与合理分类等方面的内容。

（二）数据分批和转换控制

数据分批是指将一段时间内的业务数据汇集在一起，集中输入和处理。对于采用分批处理方式的财务会计信息系统而言，可以防止交易处理的遗漏，防止在信息处理过程中未经授权交易资料的插入，防止过账错误。有效的数据分批控制措施是控制总和，即计算并比较某一数据项在不同处理过程或部门产生的总和，若该数据项的各总和之间存在非零差异，则表示存在差错。例如，当某一批数据全部输入完毕后，若计算机统计出记录项总数与数据收集组提供的记录项总数不一致，则表示出现输入差错，必须立即更正。控制总和除选用记录项总和外，还常选用总额控制数，即整批交易的数量金额栏的汇总数。控制总和不仅适用于数据输入控制，而且可以应用于数据处理和数据输出控制。

数据转换控制是指将计算机不能识别（不能读）的数据转换为计算机能够识别（读）的数据这一过程的控制。

二、处理控制

财务会计信息系统处理控制的目的在于确保已输入系统的全部数据均得到正确和完整的处理。常用的控制措施包括登账条件检验，防错、纠错控制，修改权限与修改痕迹控制等。处理控制主要涉及数据的有效性检验、数据处理的有效性校验及建立清晰的审计线索等方面的内容。

（一）数据的有效性校验

财务会计信息系统十分复杂，要求对各种类型业务文件进行正确的处理。使财务会计信息系统处理的结果正确、完整的前提是所要求处理的数据是正确、完整的，即保证所处理数据对象的有效性。数据的有效性校验分为数据正确性校验和数据完整性校验。

1. 数据正确性校验

数据正确性校验，即要求处理的数据读取自适当的数据库，经适当的应用程序处理后又被存入适当的数据库。常用的方法包括校验文件标签，即人工检查文件外部标签，程序检查文件内部标签；设置校验业务编码，即对不同的业务进行编码，应用程序依据读出的业务编码，将不同的业务转入不同的程序进行相应处理。

2. 数据完整性校验

数据完整性校验，即确保要求处理的数据既没有遗漏，也没有重复，更没有未授权的插入、添加。最常用的方法就是利用顺序校验，即应用程序通过读取的每一项业务或记录的主关键字，与前一项业务或记录的主关键字进行比较，以检查文件组织顺序是否正确。顺序校验不论是对数据输入控制还是数据处理控制都是必要的。

（二）数据处理的有效性校验

数据处理过程中产生的错误，一般是由于计算机硬件、系统软件、应用软件出现了问题。虽然现在计算机硬件设备的可靠性相当高，但在系统运行中仍有可能出现故障。设计完好的系统软件、应用软件，也可能因硬件故障或其他外界干扰而失效或被更改。因此，数据处理的有效性，一方面可通过定期检测财务会计信息系统各功能处理的时序关系和应用程序，及时发现并纠正错误来确保；另一方面可通过对数据进行逻辑校验来确保。

对于系统各功能处理的时序关系和应用程序的测试，常用重复处理控制的方法，即比较同一业务数据的前后两次处理结果，若两个结果不一致，则说明出错。例如，对于“应收账款”模块，可依据往来客户代码，将每批应收账款业务分别进行明细账处理和总账处理，分批处理结束后，若总账发生额与各明细账发生额的合计之间存在非零差异，则说明该模块存在问题。至于对数据的逻辑检验，既可采用前述的合理性检验和配比性检验，也可采用逆向运算、重复运算等方法检测数值计算的正确性。

（三）建立审计线索

处理控制的另一个重要目的在于产生必要的、清晰的审计线索，以便对已处理交易进行追溯和查验。必要的、清晰的审计线索不仅为审计总账或其他会计记录的变动提供证据，而且也为编制财务报表，查找与更正处理错误，发现交易数据的遗漏或未经授权的添加提供方便。审计线索的充分与否直接影响到应用控制的质量。

财务与会计信息系统审计线索的建立一般涉及输入或输出登记、程序的使用登记以及处理过程中所产生业务的登记等方面的内容，具体包括：①已处理的经济业务清单；②处理中使用过的参数表和数据清单；③操作员单独输入的数据清单；④处理中使用过的应用程序名称、次数和时间；⑤某些经济业务所需的选择性处理操作清单；⑥计算机产生业务的详细清单。

三、输出控制

财务会计信息系统不仅要保证输出结果的完整与可靠，而且要保证各种输出信息能安全、及时地分发到适当的使用者手中。只有具有相应权限的人员才能执行输出操作，并要登记操作记录，从而达到限制接触输出信息的目的。打印输出的资料要进行登记，并按会计档案要求保管。

输出控制包括对财务会计信息系统输出结果的复核和对输出结果的限制性分发。输出结果的复核，包含来自信息输出部门和信息使用者两方面的复核。信息输出部门在分发之前，要对拟分发的输出结果的形式、内容进行复核，如业务处理记录簿与输入业务记录簿的有关数字核对，输入过程中控制总数与输出得到的控制总数的核对，正常业务报告与例外报告中有关数字的对比分析等；信息使用者在使用前，要对会计电算化输出结果复核，如客户在支付到期贷款之前，复核收到的往来客户账单；企业财务主管在每日现金送银行之前，要复核由出纳编制的存款汇总表等。

输出结果的限制性分发是指财务会计信息系统的输出结果只限于分发到授权接收的使用者手中。限制性分发通常是通过建立和执行输出文件的分发与使用登记制度来实现。

不论是输入控制、处理控制或输出控制，都还应包括对发现的错误如何加以处理的措施和方法。一般而言，根据不同的情况，如错误发现的时间、错误类型、产生地点、环节等，采用不同的处理措施。例如，对已发现的错误凭证，若错误凭证被发现时已登账，则只能采用红字登记法或补充登记法来更正；若错误凭证被发现时已输入财务会计信息系统但尚未登账，且该错误来自数据转换阶段，即录入错误，则可直接更改；若该错误来自数据的采集阶段，即手工编制记账凭证错误，则操作员不能直接更改，应填制错误清单并通知有关业务部门，待清单中错误更改后送回，再重新输入。

第四节　计算机审计

一、计算机审计的概念

计算机审计是指对财务会计信息系统的审计。将计算机系统作为会计工作的辅助管理工具，不仅给会计工作本身，而且也给审计工作带来了深远的影响，同时也拓展了审计工作的范围。在电子商务环境中，传统的审计线索完全消失。记录和确认交易发生的各种文件，从合同、订单、发货单、发票、数字支票，到收、付款凭证等原始单据，都以电磁信息的形式在网上传递，并保存于电磁存储介质中，极大地冲击了传统审计的方法和模式。

（一）会计组织结构

在财务会计信息系统中，会计的许多功能，特别是会计核算功能由计算机辅助完成。在原有的手工处理系统中的一部分会计组织机构，如工资核算组、成本费用核算组、总分类核算组均有可能不再需要设置。同时，由于计算机的应用，又相应出现了一些新的工作岗位和组织，如系统开发组、系统维护组等。因此，审计工作不仅仍然要围绕原来手工系统的例行任务进行，还要对财务会计信息系统新设立的组织进行研究与评价。

（二）系统工作平台

系统工作平台是指财务会计信息系统使用的计算机硬件系统和系统软件。必须保证系统平台能满足会计电算化技术与安全方面的要求。由于计算机系统是原手工会计系统没有的部分，因此对财务会计信息系统的审计，审计部门要增加计算机技术方面的组织。

（三）数据存储形式

在手工操作时，会计信息由纸张介质进行记载，如记账凭证、账簿等。在财务会计信息系统中，计算机内的数据都存储在各种光、电、磁介质中，人们再也不能以翻开证、账、表的形式使用这些信息，只能借助计算机的辅助设备和程序来存取这些信息。由于存储介质的变化，使得会计系统的审计线索亦发生了变化，一方面使得部分审计线索消失，另一方面则使大部分审计线索改变了其存在的形式。

（四）内部控制

除了原有手工系统下的内部控制制度外，企业会计系统应为每笔业务、每项经济活动提供一个完整的审计轨迹。可将相当一部分内部控制方法交由计算机程序实现，如试算平衡、非法对应科目设定、计算机操作权限设置等。计算机审计要求对财务会计信息系统内部控制机制的有效性进行审计。

（五）计算机系统的安全性

财务会计信息系统的安全隐患主要来自两个方面：一个是会计人员及其他人员的舞弊行为，另一个是外界对计算机网络的恶意攻击。因此，必须采取相应的审计方法来对财务会计信息系统的安全性进行审计。

二、计算机审计的内容

计算机审计的基本目标是审查财务会计信息系统的有效性、经济性、效率性、完整性、准确性、安全性、私用性和合法性。在财务会计信息系统中，由于其组织结构、数据处理形式及数据存储介质都与手工系统有了很大差别，其审计的方式和内容也随之有所改变。此外，审计人员不仅仍可依靠手工围绕财务会计信息系统进行审计，也可利用计算机作为辅助工具对财务会计信息系统进行审计。具体地说，在财务会计信息系统环境下，计算机审计主要有以下内容：

（一）内部控制审计

财务会计信息系统的内部控制是否健全有效，是会计信息正确与否的基本保证。我国针对会计处理工作制定的一系列法律法规，是保证财务会计信息系统正常运行的法律基础。一个企业内部控制的建立和实施，必须实现的目标包括提供可靠数据，保护各项资产及记录的安全，促进经营效率的提高，鼓励遵守既定政策，遵守有关法规。如果企业的现行会计制度、会计处理规程等内部控制既符合公认的会计原理和准则及其他内部控制原则，又能够自始至终地得到贯彻执行，那么，就可以认定企业提供的会计信息是真实的、公允的。若会计电算化系统能够依据《会计电算化工作规范》等法律法规实施操作，也可以认为该会计电算化系统是有效的、可靠的，其提供的信息是真实的、公允的。制度基础审计既是社会经济发展对审计工作提出的要求，也是对财务会计信息系统进行内部控制审计的主要内容。

（二）计算机系统审计

计算机系统包括计算机硬件、系统软件和应用软件。这里主要指对计算机硬件和系统软件的审计。

对计算机硬件的审计是审查硬件的性能是否达到要求，设备运行是否正常。一般来讲，财务会计信息系统的硬件要求可靠性较高。为了保证系统数据的安全性和完整性，系统可以采用数据存储设备镜像或双机热备份等工作方式。

对计算机系统软件的审计，主要内容有计算机操作系统和数据库管理系统。在当前的中小型系统中，可用于局域网系统的操作系统产品不多，主要有 Windows 和 NetWare 系列产品，这些产品不提供源代码，其安全性也有限。在多用户或网络工作环境中，计算机操作系统必须满足一定的安全级别。在有条件的情况下，计算机操作系统的安全级别要达到 B2 级。

（三）系统开发审计

对于财务会计信息系统，不仅要对系统的工作环境进行审计，也要对财务会计信息系统的开发过程进行审计，也就是要对财务会计信息系统的整个生命周期进行审计。系统开发审计一方面要检查开发活动是否受到适当的控制，以及系统开发的方法与程序是否科学、先进、合理，另一方面还要检查系统开发中产生的文档资料。例如，在系统分析阶段产生的系统分析报告所描述的财务会计信息系统逻辑模型是否正确，在系统设计阶段产生的系统设计文档是否可行、有效，在系统实施过程中采用的开发工具是否先进。

（四）应用程序审计

应用程序是系统功能的最后实现，尤其是在财务会计信息系统中，会计功能，特别是会计核算必须依照一定的步骤、方法和规范展开。因此，应用程序的审计要通过一系列数据测试，对目标系统的符合性进行检验，以保证程序运行逻辑的正确性。

（五）数据文件审计

财务会计信息系统是利用数据文件系统存储会计处理的对象和结果。在会计电算化系统中，会计凭证、会计账簿、会计报表映像；国家制定的法律、财经法规、政策和制度，上级制定的规章制度，上级下达的指示、通知、命令；企业单位制定的经营方针、目标、计划、预算、定额、经济合同，各项经济指标、规章制度等都可以以数据文件或数据仓库的形式存储于光、电、磁等介质上。因此，审计依据和审计证据大部分来自财务会计信息系统和企业信息系统内部，特别是企业单位制定的各项数据指标和账务处理数据。

第六章 管理会计基本理论

对财务会计知识有了一定的了解之后，人们常常会思考一个问题，会计如果仅限于对已经发生或完成的经济业务进行确认和计量，并不能真正体现会计的监督职能，而只是一个对外提供企业财务状况和经营成果信息的会计信息系统。那么，经济业务发生之前的计划、发生过程中的控制以及发生之后的考核和评价应该如何确认和计量，管理会计将会给人们一个完整的答案。

第一节 管理会计的形成与发展

当人们评价业绩较差的企业时，如工作效率低下、资金运作不当、经济效益差等，就会提出该企业需要加强管理。所谓管理是指在一定的生产经营方式下，人们为了达到预期的目标，依照一定的原则、程序和方法，针对某一特定对象所进行的计划、组织、协调与控制等一系列的活动。管理会计可以说是会计职能向管理职能延伸的产物，或者说是会计监督职能的拓展。它的形成与发展是会计发展史上一个重要的里程碑。管理会计的形成与发展可以概括为两个阶段。

一、传统管理会计阶段

传统管理会计阶段是执行性管理会计阶段，时间跨度为 20 世纪初到 20 世纪 50 年代。

19 世纪末到 20 世纪初，产业革命加速了资本主义经济的发展，生产规模的社会化和激烈的自由竞争，要求彻底改变单凭经验和主观臆断的管理方法，科学管理理论应运而生。1911 年，被西方誉为“科学管理之父”的泰勒（F.W. Taylor）在《会计月刊》上发表了著名的《科学管理原理》，从而开创了企业管理的新纪元。埃墨森（H. Emerson）在成本管理中实行了标准人工成本法。甘特（H.L. Gantt）又将标准人工成本法推广到材料和制造费用的成本管理中，出现了“标准材料成本”和“标准制造费用成本”。预算控制也是科学管理原理引入会计的产物。19 世纪末 20 世纪初，美国小城镇率先实施了公共预算制度，以后逐渐推广到美国各州，并从单项预算发展为企业的全面预算。1912 年 6 月，美国国会公布了《预算和会计法》，对民间企业推行预算控制起到了决定性的影响。

在科学管理理论的影响下，1912 年美国会计学者奎因坦斯（H.W. Quaintance）在其出版的专著《管理会计：财务管理入门》中首次提出了“管理会计”这一术语，但只是把管理会计局限于企业内部财务管理的范畴。1924 年，麦金西（J.O. Mckinsey）出版了专著《管理会计》；同期布利斯（E. Bliss）也出版了专著《通过会计进行管理》，这些著作被西方誉为早期管理会计学的代表作。

以泰勒的科学管理理论为基础，以标准成本制度与预算控制制度为支柱的早期执行管理会计，标志着管理会计的理论体系已经初具雏形。

二、现代管理会计阶段

20 世纪 50 年代以后，西方经济的迅猛发展，新技术、新设备、新工艺广泛应用于生产经营，生产力水平不断提高，资本也进一步集中，企业规模日趋扩大，并且涌现出大量的跨国公司，企业经营更加复杂化。经济发展的特点和要求，直接冲击了风靡一时的泰勒的科学管理理论，代之以现代管理科学。例如，以西蒙（H.A. Simon）为代表的决策论（属于运筹学的一个分支）认为，“管理的重心在于经营，经营的关键在于决策”，通过分析、评价，从多种可行方案中选择最优方案的决策问题事关重大。为了不断推进会计理论的研究，以满足企业管理发展的需要，必然促使管理会计从传统的会计中分离出来，形成了一门以现代管理科学为基础、以决策分析为主要支柱、与财务会计并列的新型会计学科——现代管理会计。管理会计体系基本形成之后，由于它能充分发挥会计的管理职能，它在改善企业经营管理和提高经济效益方面起到了十分重要的作用，受到了企业界和会计界的高度重视，因而它的各种专门方法和技术得到了广泛的推广和应用。

1952 年，国际会计师联合会正式提出“管理会计”术语，开始对管理会计进行理论研究。20 世纪 60 年代，美、英等发达国家陆续将管理会计学课程作为高等院校会计专业和其他财经管理专业的主干课程。西方会计学者撰写了大量的管理会计教材、专著和论文，其内容广泛涉及预测与决策会计、规划与控制会计和责任会计。1972 年，美国全国会计师联合会成立了独立的“管理会计协会”；1985 年，英国也成立了“成本和管理会计师协会”。1980 年至 1988 年 2 月，美国会计学会所属的管理会计实务委员会发布了 14 个《管理会计公告》，作为解决管理会计问题的指导原则。在管理会计的理论中，数量经济分析、风险分析、数理统计推断、运筹学、管理工程学、现代决策论、控制论、信息论、系统论、心理学、行为科学以及电子计算机技术被广泛应用，极大地丰富了管理会计的内容。1980 年 4 月，国际会计师联合会在巴黎召开第一次欧洲会计专家会议，讨论如何在世界范围内推广和应用管理会计的问题。

20 世纪 80 年代以来，随着新技术的不断涌现，经济结构、产业结构和产品结构都发生了巨大变化，使管理理论和实践受到了极大的冲击与挑战，1987 年，卡普兰（R. S. Kaplan）等所著的《相关性的遗失——管理会计的兴衰史》，又谈及了现代管理会计的不足之处，要适应新的经济技术条件的要求，管理会计需要在诸多方面加以改进，在此情况下，国外学者率先提出了战略管理的理念。战略管理会计是在现代管理基础上的进一步发展。目前，西方战略管理会计主要关注以下四个领域，即战略成本分析、目标成本法、产品生命周期成本法以及平衡计分卡。随着网络信息技术的发展和各种先进管理思想的诞生及应用，管理会计也将不断发展。

第二节　管理会计基础认知

从管理会计的形成与发展可知，管理会计是适应科学管理理论的发展，从会计学科体系中分离出来的，主要为企业内部管理人员服务的不同于财务会计的方法体系。

一、管理会计的定义

管理会计不同于财务会计。财务会计主要是以提供定期的财务报表为主要手段，以企业外部的投资者、债权人、主管部门等为主要服务对象，正因为如此，财务会计又被称为“外部会计”。而管理会计重点不是为了满足企业外部有关方面的需要，而是侧重于为企业内部的经营管理服务。企业的管理者可以以管理会计为工具，为正确的经营决策与控制提供依据。管理会计的重点不是记账也不是报表，而是为了加强企业内部管理，所以管理会计又叫“内部会计”。

可见，管理会计就是在一个组织内部，为管理者提供决策信息，帮助其做出科学决策，并以此对企业生产经营活动进行有效控制的一整套信息处理系统。通俗地说，管理会计就是为企业内部管理者服务的会计。

当然，关于管理会计的概念还有许多，本书选择了以下几个有代表性的表述以帮助读者更好地理解管理会计的含义。

（1）管理会计是以现代管理科学为基础，以提高经济效益为目的，以一系列特定的技术方法为手段，对企业生产经营活动进行规划和控制的信息系统。

（2）管理会计主要是通过一系列专门方法，利用财务会计提供的信息资料以及其他相关信息进行计算、对比和分析，使企业各级管理人员能据以对日常发生的一切经济活动进行规划与控制，并帮助企业领导做出各种专门决策的一整套信息处理系统。

（3）管理会计是一个收集、分类、总结、分析和报告信息的系统，它有助于管理者进行决策和控制。

（4）管理会计就是运用适当的技术和概念，处理企业历史的和计算的经济信息，以帮助管理人员制定出合理的、能实现经营目标的计算，以及为达到各项目标所进行的决策。

综上所述，管理会计不仅包含着为企业进行有效计划的制定，替代方案的选择，对业绩的评价以及控制而进行的各种必要的方法和概算，而且管理会计的研究还包括经营管理者根据特殊调查取得的信息以及与决策和日常工作有关的会计信息的收集、综合、分析和报告的方法。

二、管理会计的职能

管理会计的职能是指管理会计在企业经营管理中的功能。管理会计是会计与管理两者的有机结合，显然，其职能不可避免地与会计职能和管理职能相关联。众所周知，会计的基本职能是核算与监督；现代企业管理的职能是计划、组织协调、指挥与控制。但管理会计的职能并非会计职能和管理职能两者的简单相加，而是在此基础上有所发展与创新。

管理会计主要是为企业内部经营管理服务的，因此，现代企业管理的每一项职能都要求管理会计采取相应的措施与之配套；同时，现代会计又要求管理会计以其价值形式对企业的生产经营活动进行预测、核算与评价。所以，现代管理会计应具备以下职能：

（一）预测职能

预测是根据过去和现在去推断、估算未来，为企业经营管理提供所需要的信息资料。管理会计的预测职能是对财务会计及相关部门提供的历史资料做进一步的加工与延伸，采用灵活多样的方法，对未来的经济活动进行科学的筹划，为管理当局提供有用的经济信息。因此，预测职能是管理会计工作的基础与前提。

（二）决策职能

决策是在充分考虑各种可能的前提下，依据客观规律和要求，对未来实践的方向、目标、原则和方法做出决定的过程。决策是建立在科学的预测基础上，利用预测所取得的财务信息及其他相关资料，对未来一定时期内的生产经营活动可能采取的各种备选方案，选取合理的数学模型进行定量分析，权衡利弊得失，从中选择最优方案。显然，决策职能是管理会计的核心。

（三）规划职能

规划职能主要是利用财务会计提供的资料以及其他相关信息，对销售、成本和利润等重要经济指标进行科学的预测分析，并帮助各级管理人员对生产经营、投资和筹资等重大经济项目做出专门的决策分析；然后在此基础上编制出企业的整体计划和各级责任预算，来确定各方面的主要目标，借以指导当前和未来的经济活动。

（四）控制职能

控制职能主要是根据会计规划所确定的各项目标和任务，以及责任会计制度的各种规定，对预期可能发生的或实际已经发生的各项经济活动及其相关信息进行收集、整理和比较，以便在事前和日常对各级责任单位的经济活动进行调节和控制，以保证计划和预算目标的实现。

（五）评价职能

评价职能主要是在事后根据各责任单位编制的业绩报告，把实际数同预算数进行对比，并分析差异发生的原因，用来评价和考核各责任单位履行经营管理责任的情况，以便奖优罚劣、奖勤罚懒、正确处理分配关系，激励全体职工努力向上，保持高昂的士气，以保证经济责任制的执行。

三、管理会计的目标

管理会计的目标是管理会计活动应达到的目的或标准，它是管理会计职能的具体化。管理会计的目标可分为两个层次：第一层次为管理会计的基本目标，即提高企业的经营管理水平和经济效益；第二层次为管理会计的具体目标，即采用各种专门方法向企业内部各级管理人员提供有利于实现管理会计基本目标的各种有用信息，并参与企业的经营管理。

（一）正确规划未来

在科学的经营预测基础上进行正确决策，并通过方案优选来实现企业资源的合理配置。将选定的最优方案进行落实，形成企业的全面预算，全面预算的落实和具体化又形成了责任预算，从而使各部门明确各自的目标和任务，共同努力，保证企业总目标和任务的实现和完成。

（二）有效控制现在

根据企业总体目标制定各责任中心的控制目标和标准，记录各责任中心的执行情况，并将实际执行情况与具体目标相对比，计算两者差异并分析产生差异的原因，通过信息反馈及时纠正偏差或防止偏差可能的发生，这是实现基本目标的重要保障。

（三）合理考评业绩

为了确保预定目标的实现，必须对生产经营过程和结果进行严密的跟踪和监控，将反映企业经营目标完成情况和经营计划执行过程的实际情况，与实现目标、计划的预算进行对比分析和检查考核。这是使生产经营活动得以按最优化原则进行的重要手段，也是衡量和控制决策、计划和实际执行，进而最终实现预定的经营目标的可靠保证。在对企业生产经营过程及其结果进行监控、考核的问题上，管理会计既可以建立完备的控制系统，又可以确定严格的考核措施，从而随时掌握达到企业目标的实际进程，正确考评企业内部有关部门的工作成绩，并为修订决策、调整计划提供客观依据。

第三节 管理会计的内容

一、管理会计的基本内容

管理会计是直接服务于企业内部管理的会计，按照它的基本内容可以分为成本管理会计、规划与决策会计、控制与评价会计三大部分。

（一）成本管理会计

成本管理会计主要是为企业控制和降低成本服务的。以作业成本系统为代表的成本管理会计是企业控制、降低成本的有效管理工具，通过分析作业的成本和效益发现问题，并提出解决问题的方案，避免不增加价值的作业，降低企业成本，提高企业竞争力。成本管理会计主要包括作业成本计算与作业管理、本量利分析等。

（二）规划与决策会计

规划与决策会计主要是为企业预测前景和规划服务的。首先，利用相关信息对企业成本、销售、利润及资金等专门问题进行科学的预测、决策分析；其次，按决策程序所确定的目标编制企业全面预算（企业整体计划的数量说明）；最后，为规划和把握未来经济活动，将全面预算按照责任制的要求分解，形成各个责任中心的责任预算。规划与决策会计主要包括预测分析、短期经营决策分析、长期投资决策分析、决策实施的全面预算。规划与决策会计可保证企业经济资源被有效、合理地利用，获得最佳经济效益，它在现代管理会计中占据核心地位。

（三）控制与评价会计

控制与评价会计主要是为企业控制现在和评价过去服务的。首先，利用标准成本制度，结合变动成本法，对企业日常经济活动进行跟踪、归集、计算。然后，根据责任会计的要求，将各责任中心实际数额与预算数额进行比较分析，通过编制日常业绩报告，评价与考核责任中心，确定其经济责任和奖惩；同时，将分析过程中发现的重要问题立即反馈给有关部门，迅速采取有效措施，及时整改。

二、管理会计的拓展内容

在新的经济环境和企业管理环境下，管理会计有以下几个方面的拓展内容：

（一）成本管理方面

在知识经济时代，企业产品的价值将更多地取决于产品中所包含的信息和知识，这些信息有技术上的，也有市场方面的。技术创新和产品开发以及对市场的掌握在企业增值中占较大的部分，生产制造则占增值中相对较少的部分，产品科技含量日益提高。企业为确保长期竞争优势，不得不在信息、知识发展方面投入大量资金。而产品的生产制造成本相对其开发和市场调研支出，则显得微乎其微。在这种情况下，成本管理的重心应当逐渐从生产制造成本转移到产品研制开发成本方面，由成本控制转移到成本计划。如何运用好各种资源，使高知识转化为高智力，高智力转化为独特的策略、构思，进而形成各种新设计、新发展是新时代企业最为关注的问题。

（二）决策分析与评价方面

管理的重心在决策。从决策分析方面来看，传统管理会计在进行决策分析时注重把模型运用和结果计算放在首位，而忽视模型运用的前提分析和结果计算的取数过程，以致影响到会计信息的准确性。应该说，与结果计算相比，取数分析过程更为重要。在经济行为分析中，作为计算依据的取数是否正确，决定了计算结果的正确性；作为模型运用的前提条件是否存在，决定了模型的可运用性。企业内外经济结构的不稳定性，要求管理会计进行决策分析时必须做到两个方面：一是在遵从取数的一般过程及其分析要求的前提下，确定取数的方法以及取数的分析方法。二是对模型中运用的数据，凡存在不确定性的因素，应提出控制措施。确实找不到控制措施的，必须对取数进行风险值测定，并调整取数的大小。

从决策评价标准方面来看，目前管理会计所采用的决策评价标准主要是利润最大化（成本费用最小化）和现金净流量最大。21 世纪管理的中心课题是不确定条件下企业价值的评估，管理的目标是实现企业价值最大化，而企业价值又是企业现实与未来收益、有形资产与无形资产、自身经济走势与外部资本市场的综合表现。所以，现实的管理会计决策离不开利润、成本、现金等标准，但还要综合考虑各种难以或无法计量的因素。比如，在知识经济中，企业投资方案的评价应侧重以是否会给企业带来人力资源的积累及各项技术的提高为标准，而不是仅仅注重短期可以节约多少资金等。

（三）人力资源管理方面

坚持以人为本，充分挖掘和使用人力资本将成为企业管理中首先需要考虑的问题。人力资源同物力资源一样，能够在未来为企业获得一定的收益，但是，如果不进行科学的可行性分析，也会出现投资失误，给企业造成损失。此外，对人力资源投资的分析与评价，还有助于企业在总资本预算中考虑到人的因素，使企业资金的分配更为有效，克服以往管理者追求短期利益而不重视人力资源投资的急功近利行为。

第七章　信息化环境下管理会计概述

随着信息技术应用的不断增强，信息技术应用到管理会计中，为企业相关决策和财务管理提供了准确清晰的数据，提高了企业决策的准确性和针对性，有利于实现企业健康持续发展。管理会计也被称为内部报告会计，具有预测和分析、组织控制和考核评估职能，有助于企业经济效益的提升，还能提高企业的预算能力。而信息化应用到管理会计中，并通过科学合理的预算编制，可以降低企业生产经营成本，从而促进企业健康持续发展。

第一节　信息化发展对管理会计的影响

近几年来，随着我国信息化应用的不断深入和计算机技术的广泛应用，企业在流程化管理、数据积累与挖掘利用方面取得了极大的飞跃，既提出了更为迫切具体的管理会计需求，也通过大量的实践积累了许多有益的方法和途径。在信息化环境下，管理会计职能必将得到更好的发挥和发展。

一、信息化发展对管理会计的影响与支持

我国企业信息化以金融、物流、制造业为先导，可以说是大潮已起，方兴未艾，已经在各行各业引起了广泛的重视与推广。以会计电算化为基础，逐渐扩展到企业的各类业务，在制造、销售、客户管理以及企业的综合管理方面，涌现出不少出色的软件系统，企业内的应用也从业务信息化、部门信息化过渡到管理信息化、集成应用、协同共享的时代。各大软件厂商也不断丰富完善产品线，提供功能更为全面的行业解决方案。随着 SOA 架构的推广，异构厂商之间的兼容性问题逐步解决，壁垒逐渐消失，业务数据之间的交互共享取得了重大突破，企业可以通过信息系统进行严格的流程控制，获取大量的业务信息和会计信息，这一切都为管理会计工作的开展营造了前所未有的环境。

目前国外成熟的软件 ERP 和管理软件都有较为强大的管理会计功能，比如 SAP 的管理会计就是独立的功能模块。但我国大量企业特别是中小企业应用的国产软件中，有的内嵌了部分分析功能，但总体来讲，管理会计功能还十分缺乏或是非常薄弱，在企业管理中还未能按照管理会计的要求进行信息化应用，造成管理会计职能未能得到很好的发挥。

二、信息化环境下管理会计的作用

（一）消除信息沟通隔阂，形成企业各部门联动机制

管理会计信息化能够促进企业各部门间的信息交流。将企业各个部门间的信息进行共享整合，从而实现企业各部门的联动机制，有效增加部门间的信息交流，有助于企业及时发现管理会计中的不足，并及时加以改正，从而促进企业快速发展。

（二）及时提供战略决策相关的信息，帮助领导层制定战略决策

管理会计信息化能够为企业战略相关决策提供有效的数据保障。通过管理会计信息化进行数据收集整理，将企业内部的数据资源进行有效的整理和分析，促进相关决策的制定，给领导层制定战略决策提供良好的数据保障，从而促进企业未来规划任务的完成。

（三）增强管理会计的应变力

通过管理会计信息化能给企业带来一个良好的信息反应机制。通过信息化能够建立一个有效的预警机制，形成一个对企业生产经营全过程的管理模式，增强管理会计的反应能力，确保管理处理问题的有效性和针对性。例如，如果企业出现超预算的情况，通过所建立的信息系统能够及时将信息进行反馈，确保管理会计能够及时地进行处理，促进管理会计对问题的处理。

三、对管理会计职能的影响

（一）预测

预测是所有决策流程的起点，难度也最大。传统管理会计职能较少涉及预测职能，预算工具常常容易被错误地理解成为预测，其实质是实现资源配置与管控职能。目前大数据应用领域中最突出的成就体现在预测领域，这不仅拓展了管理会计的职能范围，预测职能还将深刻改变管理会计其他职能的有效发挥。目前，企业通过交易行为数据、社区数据、搜索数据、位置数据等信息，区分客户类别，构建数学模型，进而对客户购买行为、客户偏好、客户流失可能、违约风险等进行预测，数据量越大越精确，模型预测越精准，进而可以实施有针对性的促销、管理、风险控制等决策措施。几乎所有的数据密集型企业都在预测领域加大投入，从而提升企业管理效率与运营绩效。譬如，零售业可以通过客户购买行为记录预测未来购买偏好与可能，从而进行针对性促销和产品推荐；金融业可以利用客户信息甄别客户风险偏好从而推荐不同收益与风险特征的理财产品、识别客户贷款风险并进行精准贷款定价；制造业利用产品使用数据信息预测产品寿命周期和使用状态。通过预测提升销量、控制风险、增强客户体验、提高规划控制能力，甚至改变企业决策方式。预测会影响企业营销、生产运营、研究开发等多项具体业务活动，进而影响企业财务活动，包括财务资源配置、投资规划、财务风险管控等多个环节。

（二）决策

大数据会对企业决策方式产生重大影响。传统企业管理由于数据的缺乏，更多依靠管理人员日积月累的经验进行判断决策。这导致企业决策方式更加依赖个人，且由于信息传递成本和代理成本的影响，进而对企业决策权的集中程度、决策流程和组织架构产生影响。信息化环境下，通过历史数据的积累和数学建模、数据挖掘技术等，能够让依赖于经验的个人决策让位于理性的数据决策。譬如贷款不是靠信贷员的判断而是靠模型预测结果来决定是否给予贷款、利率应该是多少；零售店不是靠管理人员判断采购哪些产品、采购多少数量，而是依赖于模型数据分析的结果给出判断依据；定价决策可能不单纯依赖成本，而是结合客户信息特征、偏好与以往购买行为，甚至能够针对每一个客户给出不同的定价。决策方式的转变使企业更加智能化的同时，由于不同企业掌握的数据类型特征的差异不同，从而使得各个企业能够构建独特的基于自身的核心竞争力，无法被其他企业简单模仿，也不用担心具有丰富经验的员工跳槽给企业带来的损失。当然，这将会给企业管理方式、管理人员在企业中扮演的角色等带来很大转变。

（三）规划

规划是企业选择和制定正确战略的基础，是对未来整体性、长期性、基本性问题的思考和考量。非财务信息是企业进行战略规划的基础，宏观环境、行业竞争度、价值链等非财务信息有助于企业选择正确的战略行动，而信息化技术的应用将有力提升企业在规划方面的能力。利用大数据技术，如网络搜寻、关键词获取等，全面掌握行业环境、价值链等各类关键信息，辅助战略决策。此外，大量非财务数据有助于提升公司投资规划能力，如利用水质监测积累的大数据来提高污水处理企业投资收益分析能力。

（四）控制

控制是根据企业的计划和事先规定的标准，监督检查各项活动及其结果，并根据偏差或调整行动或调整计划，使计划和实际相吻合，保证目标实现。管理会计中的流程管理和内部控制等将极大地加强企业对于运营的控制，从而保证运营效率。控制的关键在于事先确定的标准，而明确标准的基础在于对企业研发、采购、生产、营销等各环节关键信息的掌握，尤其是非财务信息数据的积累、分析与应用，是最大限度地改进控制能力、提高企业整体运营效率的关键。信息化环境强调对企业日常全面经营管理活动进行记录与分析，将对控制效率的提升具有决定性作用。在利用非财务信息进行控制方面，如全面质量管理的基础就是利用统计数据强化对残次品率的控制；成本控制的关键则取决于各项成本信息的细化与分析，从而形成控制的基本标准。没有对日常大量关键非财务信息的存储与分析，要想实现精确的控制异常艰难。非财务信息对基础的控制将更具有及时性，能够让企业更快速地采取纠正错误行动的措施。

（五）评价

财务会计信息的重要功能之一就是通过财务业绩指标反映受托责任，从而实现外部利益相关者对企业的治理目标。作为管理会计，其评价对象不是企业，而是组织内部的个人、分支机构或业务条线。其评价标准不一定是财务信息，而是有赖于大量非财务信息或经调整后的财务信息，以此来规避财务信息评价的缺陷。目前，大量企业管理控制与评价的标准都来自数据管理，如 UBER 对私家车司机的管理控制；上海铁路局 12306 中心完全利用了数据监测系统来全面实施对 300 位员工的日常评价与管理，并据此数据评价确定薪酬体系。信息化环境对评价职能的彻底改变还在于，以往的评价角度更强调内部评价，基于效率与效益角度；信息化环境拥有大量客户评价反馈信息作为评价基准，是从客户价值角度出发给出的直接评价，将进一步完善与拓展现有管理会计业绩评价工具，提升管理会计工具应用水平。

第二节　信息化环境下管理会计的应用

时至今日，经过将近一个世纪的发展，管理会计的各种理论研究已经日渐成熟，进入 21 世纪特别是近十年，信息化是一个呈几何发展的趋势，这样也为管理会计理论的实践提供了技术支持，各部门之间数据的传递也变得更加便捷，庞大的数据处理借助信息化的技术得以实现，数据处理结果也变得更加精确。企业的规模越大对管理会计的理论就越来越重视，而管理会计的理论实践就越需要信息化技术的支持，实际上管理会计与信息化的交融就是会计领域理论与技术的融合。

一、管理会计应用现状

管理会计是信息支持系统与管理控制系统的集合体，主要服务于单位（包括企业和行政事业单位）内部管理需要，是通过利用相关信息，有机融合财务与业务活动，在单位规划、决策、控制和评价等方面发挥重要作用的管理活动。《管理会计基本指引》（财会〔2016〕10 号）中指出管理会计应主要应用于单位的预算管理、成本管理、绩效管理等领域。信息化时代的到来，无疑为管理会计在上述领域发挥职能提供了新的契机。到目前为止，我国企业依靠信息技术在管理会计应用方面积累了较为丰富的成功实践，但也存在一定的问题。

（一）预算管理：信息化水平参差不齐

预算管理作为管理会计的重要工具之一，在企业管理活动中有着举足轻重的地位。当今社会，经济环境瞬息万变，企业经营呈现出多元化态势，传统的预算管理模式渐渐无法满足企业需求，信息技术在预算管理领域的应用已迫在眉睫。以大数据为依托的财务业务一体化趋势，使得企业各部门协同作战，都参与到预算的编制、控制、分析过程，形成了完整的预算体系，使预算管理更为全面、科学、合理。企业在预算管理领域不断尝试运用信息技术，如ERP中的预算模块、专业的预算管理软件以及企业自行研发的预算软件等各类预算管理信息化工具，中国黄金、深圳航空、烟台万华、神东煤炭等多家企业已依靠用友、金蝶、东华厚盾、Oracle、浪潮通软等国内外专业件建立起体系完整、内容全面的全面预算管理系统。我国企业在预算管理信息系统建设的成功案例值得国人欣喜，但总体来看，信息技术在我国企业预算管理领域的应用并不普遍。中国会计学会发布的《中国会计信息化应用调查（2015）》（以下简称《应用调查（2015）》）显示，仅有45.24%的企业在预算管理领域采用了信息技术，而这45.24%的企业中信息技术在预算管理领域的作用水平也参差不齐，这说明我国企业要想将信息技术与预算管理完美结合仍然任重而道远。

（二）成本管理：粗放与精益并存

在当今国内外严峻的经济形势下，保持成本领先优势成为众多企业增强自身竞争力的一大法宝。但是，随着生产自动化程度的不断提高以及产品种类的日益复杂，传统的成本管理模式往往难以满足企业实现全方位保持最优成本的需求。而基于计算机技术和现代网络技术的信息系统能够有效协调、计划、监控和管理企业全方位的各类成本，逐渐成为帮助我国企业由传统成本管理转变为精益成本管理的有力武器。例如，太阳纸业通过大数据、云计算等信息技术手段划小核算单元，进行精细核算，监控企业内部细微运作，助力管理效益提升；宝钢集团以信息技术为依托在整个集团范围内实施生产和管理的“流程再造”，建立起包括整体产销管理系统及主要生产线控制系统在内的信息系统体系，有效落实了战略成本管理；深南电路则利用信息技术手段实施了控制流程成本的“极限成本控制”、控制采购成本的“网上竞价采购平台”和控制质量成本的“精益六西格玛领航员项目”，有效强化了企业的成本控制。从上述成功案例不难看出，信息技术对成本管理有着重要的推动作用。然而，与这种巨大推动力形成鲜明对比的是，信息技术在我国企业成本管理领域的应用效果并不理想。据中国会计学会发布的《应用调查（2015）》显示，仅有61.74%的企业在成本管理领域采用了信息技术，且信息技术的实施主要集中在作业成本管理领域，在标准成本法、计划成本法等其他领域，信息化实践较少且大多以失败告终。失败的原因除企业自身条件限制外，信息技术手段的不成熟也是不容忽视的重要因素之一。

（三）绩效管理：单维向多维转变

财政部在2017年颁布的《会计改革与发展“十三五”规划纲要》（财会〔2016〕19号）中指出，要以深入实施管理会计指引体系为抓手，进一步发挥会计工作在绩效管理等方面的职能作用。绩效管理是企业经营管理活动的重要组成部分，并随着管理思想的演进不断变革和完善。现如今我国的绩效管理即将迈向全员参与、全程监督的新阶段，但若想成功完成这一转变并非易事。企业需面对信息量巨大、考核对象难以沟通以及不同部门考核方法不同等一系列挑战。采用传统的方式，无疑解决不了这些基本的问题，企业亟须一种灵活的、可配置的、可随时适应企业实际需要的考核工具，而各类信息技术手段无疑满足了企业的需求。信息技术的发展使得各种行为和活动信息都将得到精准的记录，管理者可以利用更多的数据信息多角度全方面地对员工进行客观公正的评判。目前，我国已有部分企业成功地在绩效管理领域采用了信息技术。例如，中国储备粮管理总公司依靠大数据技术建立了云中心数据库，并基于数据库构建了领导综合看板、业务运营支持、考评、测算、宏观分析等统一视图，有利于中国储备粮管理总公司更全面地进行绩效管理；中石化集团建设了数字绩效平台，通过信息技术突出对 KPI、360 度、MBO 等考评技术的运用，形成了全方位、标准化、透明化的考核模式，实现了绩效管理信息化及系统化。除上述企业之外，我国还涌现出其他成功建立绩效管理信息化体系的企业，如海尔、华润、神华等大型的企业集团。但总体来说，信息技术在绩效管理领域的应用多集中于大型企业，中小企业因成本等因素的限制，对绩效管理信息化的推行积极性相对较低。

二、管理会计应用中存在的问题

现阶段，许多企业都进行了管理会计信息化应用，也取得了一定的成果，增加了企业管理会计的管理效果，但管理会计信息化过程中依然存在一些问题，影响管理会计信息化水平的提升。

（一）对管理会计缺乏认识

目前，我国多数企业还没有对管理会计树立起一个较为清晰和客观的认识，特别是数量众多的中小型企业，企业管理者对管理会计的重要性认识不到位，缺乏应有的重视。大多数企业建立的会计管理和使用体系不够完善，实用性较差。在开展经营活动或者制定经营决策时，主要是借助过往的经验，未能发挥“会计也是生产力”的作用，导致管理会计无用武之地。

（二）实践与理论相脱节

管理会计是社会与经济发展到一定程度的产物，与经济环境、社会环境密切相关。伴随着社会环境的变化，管理会计的内容和方法也会随之发生变化。我国改革开放以来，企业在某些工作中实际运用到了管理会计的部分方法，其中比较常见是的经济预测法和本量利分析法。但是，在国外管理会计高速发展的今天，我国还没有形成一个系统的管理会计理论与实践体系，对已有的管理会计应用的经验也缺乏继承和创新。管理会计理论研究领域狭隘、信息滞后，直接导致现有管理会计的技术和方法创新能力不足，缺乏实际操作性。

（三）在会计信息化中缺乏管理会计应用

当前，会计信息化在我国大多数企业的实际使用率并不高，管理会计的作用一定程度上被削弱了。即使在已经开展会计信息化的企业中，也普遍存在“重核算、轻管理”的认识误区。管理会计的应用被人为地局限在事后结账和算账的层面上，很少进行事前预测、事中控制。另外，我国管理会计软件的功能严重落后于企业实际需求，线性规划、非线性回归、投入产出模型等管理会计的公式和模型无法运用。这些管理会计的方法，在实际应用中经常需要用到，因而会计信息化是管理会计发展的必然趋势。

三、管理会计面临的挑战

与财务会计运用报表数据相比，管理会计所需的内部数据具有获取难度大、准确程度低等特点。信息化时代的到来，各类信息手段使得管理会计的运用如虎添翼，获取数据等一系列问题迎刃而解。但是，信息化过程对大部分中国企业而言，显然不能一蹴而就。目前我国企业的管理会计信息化之路面临着应用水平不平衡、会计信息价值未被充分挖掘、信息技术手段不成熟等一系列挑战。

（一）应解决管理会计信息化程度呈两极化态势的难题

信息化时代的到来，各类信息手段对管理会计的发展起到了强大的推动作用。但与这种强大助力形成鲜明对比的是，信息手段在我国企业管理会计领域的应用效果并不理想。总体来说，目前我国管理会计信息化的应用程度极不平衡，不同地区、不同企业之间的应用水平参差不齐，呈现出明显的两极化趋势。从空间分布上来看，经济发达、信息技术先进的地区，特别是沿海开放城市等，信息技术在企业管理会计领域的应用比较广泛；而经济欠发达的地区，由于其技术水平落后，传统的技术手段在企业经营管理中仍占主导地位，管理会计的应用效果也不尽人意。从企业自身状况来看，大型企业凭借着雄厚的经济实力和管理者长远的眼光，大多已经在预算管理、成本管理等不同领域实现了信息化；但大多数中小型企业，管理会计信息化的状况却并不乐观。大部分中小企业对信息化的理解是片面而肤浅的，他们将信息化建设简单理解为：ERP、电子商务和企业网站建设。更有甚者，部分中小企业简单地认为大数据、云计算等都是大企业应该掌握的信息技术，与自己不甚相关。这些使得大多数中小企业渐渐错失了信息化时代企业管理会计的发展机遇，长此以往只能被信息化时代无情淘汰。

（二）应深度发掘和利用管理会计信息

在当今这个信息爆炸的时代，对于企业来说，究竟是否要推动管理会计信息化发展，说到底是一种成本与收益之间的权衡。从国内外现有成功经验来看，信息技术手段对于落实管理会计应用、促进企业价值创造等方面有着巨大意义，信息化所带来的效益应当远超过其所耗费的成本。但是，我国多数企业却并未享受到管理会计信息化所缔结的丰硕成果，信息技术手段所挖掘出的数据未被充分利用就是主要症结之一。随着信息技术水平的提升，海量的管理会计数据并未为企业助力，反而成为实际工作的负担，究其原因主要有两个方面。

首先，管理会计人才不足。“玉不琢，不成器”，大量庞杂无序的数据也只有通过专业人才的深度挖掘与分析，才能转化为对企业有价值的信息。但目前我国能够挖掘出数据价值的管理会计人才却十分有限。据元年研究院2017年发布的一项调查显示，财务人员转型是企业应用会计信息系统、建立财务共享中心的最大阻力之一，相关财务人员缺失的比例竟高达45.88%。正所谓巧妇难为无米之炊，现如今米常有，而巧妇却不常有。其次，管理会计信息利用率低。《应用调查（2015）》中关于企业会计信息系统与其他信息系统集成情况的调查结果显示，60.39%的企业会计信息系统是独立于其他系统应用的；24.62%作为企业信息化整体（如ERP系统）中的一部分集成应用；而仅14.99%的企业已建立了一套完整的会计信息系统，并实现了与其他业务系统集成。从数据中不难看出目前企业中会计信息系统的集成情况效果并不理想，各信息系统之间缺乏有效“互动”。这种“信息孤岛”现象导致数据信息不能物尽其用，相同信息在不同部门可能需要被重复获取，而非一条信息被多维度、全方位地剖析后服务于不同部门。此外，这种缺乏系统性的信息获取方式使得管理会计信息大多运用于战术层面，其价值难以达到战略高度。企业在采用大数据、云计算等信息技术手段时要投入大量的人力、物力和财力，但高代价所获取的数据却并未被深度剖析、广泛应用，这无疑是管理会计信息化难以实现价值最大化的症结所在。

（三）应有效提升和完善管理会计信息技术水平

“工欲善其事，必先利其器。”要想推动管理会计信息化发展，就必须有强大的信息技术手段做支撑。《应用调查（2015）》中关于未来三年的会计信息化应用需求调查结果显示，有54.65%的企业表示需要“升级现有系统”，占比最高。这一数据充分说明了企业目前所运用的信息技术并不成熟。这种不成熟主要表现在三个方面：首先，信息存储空间不足。信息技术手段的运用使企业需要面临浩如烟海的数据信息，海量的数据自然需要巨大的存储空间。但是从目前来看，大部分企业都存在存储空间小的问题。现有的数据库几乎无法处理TB级别的数据，对更高级别数据的分析需求自然更加难以满足。其次，信息分析技术落后。目前大部分企业已经意识到了管理会计信息化的重要意义，但能够真正从数据中挖出数据财富的却寥寥无几，很重要的原因在于企业缺乏先进的信息分析技术。面对着庞杂无序的数据信息，如果分析技术不够完善，就会造成数据间隐含关系的丧失，降低信息的准确性，从而难以分析出有价值的信息。最后，信息系统间缺乏“互动”。管理会计信息系统包括预算系统、绩效管理系统、作业成本管理系统等一系列系统，这些系统工具已经在企业中得到不同程度的应用。但是，多数企业仍处于各个管理会计工具方法单独信息化阶段，各信息系统彼此间在功能上未能实现关联互通，在信息上难以达成共享互换。各信息系统之间彼此孤立相互脱节，很大程度上是由信息技术的不完善所导致的。企业凭借我国现有的信息技术难以形成系统完整的管理会计信息化体系，导致管理会计无法及时获取和整合相关信息，决策支持功能难以得到有效发挥。

第三节 信息化环境下管理会计应用的优化

在对信息化环境下管理会计的应用情况及其中存在的主要问题进行了分析探讨之后，需要寻求合理的优化方式，从而加快信息技术在管理会计中的应用，充分发挥管理会计信息化的作用，促进企业预算水平、管理水平的提高，帮助企业控制成本、制定未来发展计划，进而促进企业健康持续发展。

一、信息化环境下管理会计发展趋势

随着信息化时代的来临，发展管理会计成为大势所趋，其应用的深度与广度均达到了前所未有的程度。各类信息技术手段成为管理会计数据提供与运用的依托，为管理会计开拓了广阔的发展前景。在信息化时代，管理会计借助信息技术调整普及它的服务对象，提升、延伸它的管理职能，改进、变革它的处理技术，已经成为其发展的一种必然趋势。

（一）管理会计的服务对象：由大企业向中小企业普及

中小企业是我国数量最大、最具创新活力的企业群体。截止到 2019 年底，中国中小企业的数量已经超过了 3000 万家，个体工商户数量超过 7000 万户，贡献了全国 50% 以上的税收，60% 以上的 GDP，70% 以上的技术创新成果和 80% 以上的劳动力就业。这一数据充分说明了中小企业在我国所具有的重要地位，因此管理会计要想真正在我国蓬勃发展，不可忽视其在中小企业中的推广与运用。但从管理会计应用现状来看，管理会计在我国中小型企业的应用状况并不理想，其中很重要的一点原因就是管理会计所需要的数据信息获取难度大、成本高。而信息化时代，随着互联网技术的普及和成本的不断降低，各类信息技术大行其道，可供中小型企业用以推行管理会计的技术手段明显增加。云计算便是其中之一，云计算因其成本低、效率高、可定制性强等优势受到了中小企业的广泛青睐。对于中小企业而言，云计算模式能够满足其灵活的业务需求，在提高管理会计信息化效率的同时，信息化成本也能够控制在企业可接受的范围之内。总体来说，虽然目前在中小企业广泛推行管理会计仍存在观念、技术和资金等一系列限制，但愈发成熟、安全和完备的信息技术使得管理会计的应用范围逐渐由大企业普及至中小企业成为一种必然趋势。

（二）管理会计职能的发挥层面：由战术层向战略层延伸

随着商业环境的日益严峻，越来越多的企业开始将管理会计运用于战略和日常决策之中。目前，我国企业在预算管理、成本管理及绩效管理等管理会计不同领域中均取得了一定进展。但是，上述领域的管理会计实践往往是孤立而单一的，无法从根本上解决企业的管理问题。企业管理的现实需求促使管理会计不断提升其发挥职能的层面，从日常的战术性决策向长远的战略性决策拓展，从战术管理向战略管理延伸。财政部《管理会计基本指引》中强调，单位应用管理会计应做好相关信息支持，参与规划拟定，从支持战略定位、战略目标设定、战略实施方案选择等方面，为单位合理制定战略规划提供支撑。这一要求充分展现了管理会计职能向战略层面延伸的趋势。战略管理的成效在很大程度上取决于其获得的相关管理会计信息，在信息化时代各类信息技术手段无疑是获取信息的有力武器。与以往任何时候相比，在信息化时代企业可以更迅速、更容易地访问和搜索大量数据。海量的数据被收集起来之后，企业又可通过信息技术选出有价值的数据信息，并确立不同生产经营流程中的数据之间的关联关系。信息技术对数据强大的搜集分析功能满足了企业战略管理的信息需求，支撑管理会计的职能由战术层面向战略层面的拓展和延伸。在信息化时代，管理会计不再仅仅关注成本管理、预算管理等单一领域，而是更加注重从战略的高度渗透于企业的决策、规划与绩效评价等一系列环节。管理会计将在信息技术的支撑下通过对现有管理会计职能的完善和延伸，为企业管理者提供有助于战略决策的相关信息，帮助企业实现基业长青的美好愿景。

（三）管理会计的处理技术：由“信息孤岛”向“信息共享”变革

据调查，一般企业财务部门用于业务处理的时间为60%，只有不到10%的时间用于决策支持。而世界级企业的财务部门用于决策支持的时间已超过50%。可以说我国企业若想达到世界级水平，就必须努力缩短业务处理时间，实现信息共享。《关于全面推进管理会计体系建设的指导意见》指出，要实现会计与业务活动的有机结合，从源头上防止出现“信息孤岛”。不难看出打破信息壁垒是未来管理会计发展的必然趋势。当浩如烟海的数据被收集起来之后，如何将有价值的数据选出来并确立它们之间的关联关系是落实管理会计的重要环节。但是，传统的数据处理技术无论从规模和结构上，还是处理速度和加工精度上都渐渐无法满足管理会计的要求。更重要的是，传统的数据处理技术仅能完成成本管理、预算管理等管理会计各单独信息系统的建立，无法实现各信息系统彼此间在功能上的关联互通。在信息化时代，这一难题迎刃而解。分布式数据库技术、互联网技术、中间件技术、系统集成技术等现代信息技术，完美实现了会计与业务活动的有机结合，极大地提高了各子系统间信息的共享性，从源头上消除了“信息孤岛”现象。

此外，云计算、大数据及移动互联网等新兴技术也逐渐成为企业财务共享服务中心的核心动力。据《应用调查（2015）》显示，66%的企业在建设财务共享服务中心的过程中会自主创新或积极地应用成熟的新技术，22%的企业正在进行技术升级，53%的企业计划在未来1~2年进行技术升级。总体来说，在信息化时代管理会计已逐渐摒弃了传统的数据处理技术，通过对新兴技术的运用，逐步实现业务处理和会计处理的集成、财务信息和非财务信息的集成、会计核算与会计管理的集成。底层数据的壁垒被逐渐打破，各子信息系统之间的互联互通和数据共享将渐渐成为现实。

二、管理会计应用的优化措施

（一）构建管理会计信息系统

管理会计信息系统是由全面预算模块、成本控制模块、预测分析模块以及绩效评价模块等不同模块有机地集成到一起的智能决策系统，通过不同模块所具有的功能参与企业经营决策过程。它主要通过整理、计算、对比和分析企业业务活动过程中的相关信息，预测经济运行产生的后果并采取有效措施干预会计信息的形成过程，使企业各级管理层能据以对日常发生的一切经济活动进行规划与控制，对企业资源的配置、风险的管控、信息的共享产生重大影响，成为企业创造价值的重要信息系统，帮助企业决策层做出专门决策，为企业管理者提供决策支持。因此，构建管理会计信息系统是为企业提供智能决策支持的关键措施之一。

（二）实现管理会计信息系统中的会计信息标准化

管理会计信息系统功能的发挥主要依赖于一整套综合的信息标准处理系统，而信息标准处理的前提是会计信息标准化。只有会计信息实现标准化，才有可能保证企业高层据以做出即时、有效的决策。如果没有会计信息的标准化，企业内各个部门针对同一现象或情况传递到高层的信息有可能出现不一致，致使做出的结论相差甚远，从而严重影响高层的决策能力。

（三）重视管理会计人才培养

管理会计人才的匮乏，不仅表现在我国财务人员普遍缺乏对管理会计的应用上，更多地表现在国内企业和财务人员整体对管理会计缺乏了解。对于会计人才的培养，也更多地倾向于财务会计人才的培养，严重忽视了管理会计人才的培养，同时对于管理会计人才缺乏完善的培养机制，从而制约了管理会计在企业的发展。因此，要想在信息化环境下发展管理会计，加强培养管理会计人才是首要条件。

（四）推进建立有中国特色的管理会计体系

清华大学教授于增彪曾指出，当前，企业不缺乏管理会计的实践方法，但缺乏系统的管理会计体系。由于我国的国情与西方不同，因此，直接将西方成熟的管理会计体系套用于我国企业是不合适、不恰当的。在我国，要建立与社会主义市场经济体制相适应的管理会计体系，使企业和行政事业单位运用管理会计工具来激发管理活力。《关于全面推进管理会计体系建设的指导意见》提出我国的管理会计体系由“4+1”体系组成，即理论体系、指引体系、信息化建设、人才培养加咨询服务。同时，对每一个体系的建设都提出了相应的具体操作方案。因此，要积极推进具有中国特色的管理会计体系的建立。

（五）实现管理会计信息系统与现有 ERP 的高度集成

ERP 是将与企业生产有关的所有资源有机地整合在一起，并对各部分资源进行优化配置，从而使企业得到最高的效益。它的主要作用在于实现信息的高度集成。而管理会计信息系统是在信息高度集成的基础上，通过对企业已有信息进行剖析，并根据当前形势对企业未来的经济活动和效益做出判断和预测。因此，如果管理会计信息系统能够高度集成于ERP系统中，那么，将会使得管理会计的功能、财务会计的信息和经济业务流程合于一体，完全实现信息的一体化。

（六）构建信息化环境下企业间管理会计信息共享机制

长期以来，管理会计被认为是对内的报告会计，它主要向企业内部高层人员提供决策有用信息。然而，随着信息技术的飞速发展，管理会计信息不仅需要提供给企业内部人员，同时也要提供给企业外部人员，甚至在一个特定的价值链范围内需要对各个企业的管理会计信息进行共享，才能够保证整个价值链和各企业效益的最大化。由于管理会计最大的特点之一就是面向未来，根据所掌握的管理会计信息对未来进行预测和规划。如果没有整个价值链上各企业对管理会计信息的共享，高层管理人员很难从片面的数据中得出较为准确的预测，因此构建企业间管理会计信息共享机制势在必行。

（七）加强管理会计信息共享风险防范

关于如何构建企业间管理会计信息共享机制，首先需要解决的就是风险防范问题。管理会计信息共享是企业将各自重要的会计信息暴露给其他企业利用，其中包括了企业自身有价值的商业机密。如果企业将信息提供给其他企业，而企业本身却得不到真实可靠的管理会计信息，甚至得到的是虚假的信息，那么对于企业来说有可能是致命的打击。此外，由于风险防范措施的不规范，推进企业间共享管理会计信息将受到严重的阻碍。由于利益的冲突，各企业不会轻易将自己的管理会计信息共享给其他企业。因此，建立规范的风险防范措施是管理会计信息迈向共享的第一步。

三、大数据环境下管理会计的发展建议

大数据时代，管理会计的发展和完善属于一个长期而又系统的过程，各个工作人员需要站在不同维度对该项工作进行重新考虑，正确认识大数据时代的特点和在工作过程中存在的问题，为管理会计工作的开展创造更多机遇。在此基础上，人们还应该本着科学性和实用性原则，来完善管理会计工作体系，促使其与企业实际发展情况相适应。

（一）不断完善理论

从目前实际发展情况来看，管理会计理论体系并不具备完善性特点。因此，企业首先要做的便是根据自身发展需求和特点对管理会计的理论体系进行不断更新，将新的经济活动及国内外理论与管理会计日常工作相结合，努力实现会计理论的本土化发展，为人才创新、管理手段创新提供基础条件。在大数据时代的影响下，管理会计活动还需要对其他形式的专业技术进行借鉴，并利用现代化手段对大数据信息进行挖掘和汇总，最终为管理会

计理论的发展注入新的时代活力，做到理论发展的长期性，从而迎合大数据时代的发展特点，这也是企业管理会计开展的必然要求。

（二）强化对管理会计重要性的认知

大数据时代的来临为管理会计工作创造了更多机遇，再加上新的技术手段和新的运行管理模式均会为管理会计带来新的工作思维，降低管理会计的工作难度，最终实现工作效能的稳固提升。但由于传统工作思维限制，管理会计在工作过程中还没有展示出更多价值，最终导致管理效果的降低。为了避免上述问题的出现，企业管理人员需要从宏观角度出发，认识到管理会计的重要性，最终做到思维理念的有效转变。与此同时，相关企业部门还需要对大数据优势进行利用，将工作重点放在人才培养和工作观念的转变上，在提升管理会计工作作用的同时，为相关工作的优化和升级奠定基础，并对人员配置情况进行完善。

（三）搭建管理会计信息平台

为了实现企业日常数据处理的高效性，在管理会计发展过程中，应该对计算机技术、云计算技术等进行升级处理，从而搭建管理会计信息平台。除此之外，在管理会计信息平台搭建过程中，可以将数据处理的难度降低，同时对各种管理会计之中的数据进行获取、加工，提升数据的使用效能。在管理会计工作开展过程中，工作人员可以在最短时间内为企业的各项决策提供数据支持，从而满足企业在发展过程中对数据的需求。与此同时，在管理信息平台建设过程中，数据信息加密处理手段应得到有效应用，确保各项工作有序开展的同时，提升整体工作的安全程度。管理会计信息平台是加强信息保护的重要方式之一，降低数据信息丢失、泄露等事件的发生概率，为企业健康发展提供有力支持。

（四）以云计算为基础构建大数据处理系统

云计算主要是互联网、计算机技术及网络技术融合产生的，具备快速交付、资源共享等特点，该项核心技术内容主要涉及分布式存储和分布式并行计算两大内容。其中分布式存储既包括存储结构化，还涉及很多半结构化、非结构化等知识。在数据保存过程中，可以将互联网当作数据存储中心，避免自身空间出现大幅度占用情况，合理解决存储不足问题，同时还可以实现对海量数据的并行访问，实现工作效率的全面提升。另外，在分布式计算原则下，人们还可以实现对海量数据的分批处理，在提升处理效率的同时，做好数据的深度挖掘工作。因此，从某种角度来说，在云计算技术的作用下，大数据处理系统将会显得更加全面，在对海量管理会计信息处理及作用发挥上显示出巨大优势，同时也是提升管理会计职能的最好方式。

四、管理会计人员的转型

（一）财务部门应加强数据库建设，监理企业大数据共享平台

未来企业发展多部门业务融合是大势所趋，现今大多数财务工作的核心还是停留在报

销、入账、制作财务报表的阶段，财务工作是对企业在价值创造过程中的数据进行记录，然后将这些数据交给其他管理部门生成管理用的数据。未来的财务人员如果想要完成转型，则必须接触和运用这些数据，然而现在的情况是大部分管理数据被其他部门控制，将来的管理将是由财务指引和融合其他部门来进行。比较形象地说，现在的财务部门只有一个单纯的数据输出功能，将一次处理的数据交给其他部门生成二次数据加以分析和利用，而转变之后，得益于信息化手段的处理将直接生成二次加工数据，这时候财务就是一个大的分析数据库，接着将结合企业的特点联合其他部门进一步做出决策和规划。

（二）提升财务部门价值，使之从记录部门转向创造部门

管理会计的转型必须要强调管理二字，而现阶段多数企业在最初建设之时就将财务定位于辅助核算部门、后勤部门。如果将一个企业的部门按照功能来区分的话，应该分为记录部门和创造部门，创造部门自然是一个企业发展的动力源，记录部门则是记录创造的过程和产生的结果，很明显“管钱”就是在记录，“挣钱”就是在创造。那么让财务从“管钱”变“挣钱”，这就是向管理会计转型的一个过程，这种转变首先需要财务部门对自己的价值认可，会计人员首先要自身转变思想，不拘泥于现有的核算工作，努力在工作中展现自身的价值。其次需要企业正视财务的价值，提高财务在企业的话语权，提升财务在企业的地位，由二线辅助部门转变为一线创造部门。

（三）财务团队线上线下同时发展，双管齐下

企业发展线上财务信息化建设，需同时注重线下财务的管理工作，建立标准台账制度。现在很多企业都开始了自己的财务云端建设工作，财务机器人以及财务共享中心的建设便是成果。虽然现在的财务信息化建设多数停留在一个半智能化的阶段，但未来财务信息化会进入一个加快的节奏。财务信息化的高度发达并不代表它完美无缺，黑客以及网络的其他漏洞因素的存在，使得财务工作并不可以完全依赖于财务云端的线上处理，还需建立一套线下的辅助管理体系。而线下体系的建设亦是一个大的工程，涉及纵向跨级别公司以及横向同级公司各部门之间沟通的问题。而想要让这个系统面对日益庞大的数据还能快速高效地运作，则必须建立一套标准的台账制度。现阶段财务人员的台账可以说千人千表，每个人都会根据自己的需要和习惯建立一套专属自己的台账，而台账的数据是需要传递的，台账的不一致就必然延缓数据合并再加工速度。使用精简实用的标准台账则不会再有这样的困扰，有利于走出千人千表境况，加快台账的流转和整合速度。

（四）重新划分财务岗位，加强管理人员岗位建设

企业应逐步改变出纳、会计的传统岗位分布，建立起资金会计、税务会计、成本会计、预算会计、融资筹资会计、投资会计岗位。实施岗位精细化管理，细分会计岗位，进一步强调管理知识的应用。这样一方面会减轻会计人员转型的压力，另外也会给会计人员一个转型的方向，帮助会计人员更好地完成转型。因为管理会计理论是一个庞大的体系，如果全盘学习吸收的话，这将是一个非常复杂的工作，需要付出巨大的精力才可以掌握其中各

细分领域知识。而实践中也许并不是每一个会计人员都会运用所有的知识，学以致用、术业专攻才是管理会计转型的中心思想。

（五）加强会计管理人员选拔和培养，助力会计人员转型

2018 年会计从业资格证全面取消，很多人认为会计的从业门槛降低了，而从未来发展来看这一观点并不正确。会计从业资格证的取消并不意味着所有人都可以从事会计工作，企业在挑选会计人员时，没有了会计从业资格证，初级会计资格证书以及初级管理会计证书将是会计从业人员的敲门砖。企业需要在招聘财务人员时，重点挑选具备管理知识的会计人才。同时在企业财务人员中间，重点宣传管理会计的重要性，组织集体性的管理会计学习。增加对取得会计证书的财务人员的奖励，扩大会计证书奖励范围，将管理会计资格证书纳入奖励范围。

（六）会计人员找准转型方向，不断突破

虽然信息化为管理会计的实践带来了技术上的便利，但是作为一名会计人员，每个人的精力都是有限的，全盘吸收管理会计的所有知识并运用实践，这是一件几乎不可能的任务。如前所述，转型需要企业提供方向助力，但更需要会计人员找准方向进行转型，转型的方向可以从以下两方面准备：一方面，可以结合以往的工作经验，向自己所熟悉的领域去探索；另一方面，可以发掘自身的专长进行转型，如业务实践型人才可以试着向税务和融资投资方面去努力，学术型人才可以向预算、成本分析、财务报表数据分析等方向努力转型。转型之路不求面面俱到，只需找准方向，深入研究。

（七）将管理融于业务，管理切勿成为“空中楼阁”

管理会计是用会计的手段进行管理，最终目的是发现企业发展中的问题并及时加以改进，使企业进入一个良性发展的轨道。管理会计转型的重点不在于理论知识的学习，而是如何将其运用于企业的活动之中。这要求会计人员除了学习掌握管理会计的理论知识以外，还需要树立管理意识，思维要有大局观。了解自己所在企业发展规划，各部门运作机制，行业特色，最后结合管理会计的技术发现和解决企业发展中的问题，成为管理型人才。

当今社会，大数据的积极尝试、云计算的落地应用、移动互联网的全面覆盖，各类信息技术以前所未有的强势姿态渗透到生活的方方面面。信息化时代的号角已经吹响，信息技术手段的应用为企业管理会计实践带来了新的发展契机，同时也带来了巨大的挑战。管理会计若想在信息化浪潮中稳步发展，就必须顺势而为、应势而动，依靠新兴技术手段突破自身桎梏，酝酿出一场采用多种技术手段、多维度全方位反映企业经济活动的改革，以消除传统会计片面、狭隘的种种弊端，为新时代会计的发展绘就美好蓝图。

第八章　管理会计与企业投资决策

当前我国科学技术快速发展，经济全球化进程也逐渐加快，企业要想与国际接轨，就必须提高自身的经营管理水平，通过强化内部管理，切实提高企业竞争能力。管理会计是企业发展中的重要助推器，开展高效的企业管理会计工作，才能够提高企业的核心竞争力。管理会计的终极目标在于通过改善组织经营创造组织价值。管理会计作为信息支持系统，是一个通用、客观、透明的精细化价值驱动因素分析与决策的信息平台。管理会计在企业投资决策中的应用具有十分重要的意义。

第一节　管理会计与企业投资决策概述

管理会计是从传统财务会计中分离出来的一个会计分支，是一门旨在为企业内部管理服务的科学。它广泛采用概率论、运筹学、线性规划和数理统计等一些数学方法，对企业的财务会计资料及其他有关信息进行整理、分析、传递，并在此基础上对经营决策方案做出科学的预知评价。

管理会计的一个主要内容是评价企业各种经营决策方案的经济可行性。这种评价是在充分占有信息的基础上，通过对多个备选方案的成本、资金等方面进行综合分析比较后做出的。管理会计的评价结果往往对企业管理当局的抉择具有举足轻重的影响，因此有人认为管理会计是投资决策会计。在企业经常遇到的各类决策中，最为重要的是长期投资决策，这里简单介绍一下管理会计是怎样为企业长期投资决策服务的。

企业长期投资的主要特点是投入资本多，回收期长，投资风险大，在评价投资方案时，必须充分考虑这些特点对投资收益的影响。为此，管理会计引入了两个重要的概念：时间价值和风险价值。

（一）时间价值

经济学认为同一货币量在不同时间是不等值的，今年一元钱的价值要大于明年一元钱的价值。如果放弃现在使用货币的机会，有权要求得到相应的价值补偿，即获得一笔与放弃使用时间长度相应的报酬。这笔报酬与原有货币额的比率就成为货币的时间价值。时间价值量的大小与时间长度有关，它是按照复利计算的，也就是说，如果前一期的利息存而不取，就要加入本金，一并计算下一期的利息。为了区别这两种不同的时间价值，通常称现在付款的价值为现价，而称若干期后才能得到的包括本利在内的未来价值为终值。现值与终值的数量关系可以用如下公式来描述：

$$现值 = \frac{终值}{(1+利率)^{期数}}$$

如果要比较现值与终值的大小，必须先将两者调整为同一时间的价值，一般是将终值按照上述公式折算为现值，这种调整称为折现。

（二）风险价值

时间价值是投资者在没有风险的情况下所要求的报酬。但是，除了购买政府债券之外，其他各种投资方式都带有或多或少的风险。如果筹资企业给予投资者的报酬率仅仅相当于公债利率，那么他们就不会有足够的兴趣向企业投资，而可能把大量的货币用于购买政府债券。因此，企业只有规定较高的报酬率，才有可能吸引人们对风险投资的兴趣。这种较高报酬率与时间价值的差额即为投资的风险价值，它是对投资者敢于承担风险的一种奖赏，风险价值量的大小，因投资方式和筹资企业的信誉程度而异。一般来说，投资的投机性越强，风险价值就越大。

时间价值和风险价值构成了资本成本，它是企业为取得资本的使用权而必须支付的价值。企业用于长期投资的资本是通过银行借款，发行股票和债券等多种方式筹集的，各种筹资方式的风险程度不同，资本成本也不一样，所以，企业用于投资的资本成本实际上是一种加权平均成本，在长期投资决策中，资本成本的高低关系到投资方案的取舍，因此是评价时需要考虑的一个重要因素。

需要考虑的另一个重要因素是投资项目的现金流量。现金就是货币资本，主要指银行存款、纸币、支票和汇款等。现金流量是指某项投资在收入与支出方面的现金流动数量。其中现金流出量主要包括固定资产的投资和为保证投资项目正常经营而投入的流动资金；现金流入量主要包括项目完成投产后每年的营业净收益、每年计提的折旧费、固定资产报废残值或中途变价收入，以及固定资产使用期满后收回原来投放的营运资金等。现金流量不仅能够反映与项目有关的投资总额和收益总额，而且还能清楚地表明每笔款项付出或吸入的具体时间，这样就为在分析决策中考虑货币的时间价值提供了可能。

掌握了资本成本、现金流量等有关资料之后，就能据以评价长期投资方案。从现金流量的角度看，企业对项目的全部投资表现为现金流出，因投资而得的收益表现为现金流入，如果投入与收益同时发生，那么只要计算全部现金流入量与流出量的差额，就可以说明投资方案是否有利可图。然而在长期投资中，现金的流入与流出并不是发生在同一时刻，通常是现金流出在前，现金流入在后，两者具有不同的时间价值，不能直接进行比较。为了解决这个问题，管理会计在评价时通常采用先折现，后比较的方法，这就是现值法。首先将各年发生的现金流量按一定的比率（通常采用资本成本或者企业要求的报酬率）折算成开始投资时的现值，使不同时间发生的现金流量具有可比性。然后，用现金流入量的现值之和减去现金流出量的现值之和，得到净现值。净现值是用于衡量投资项目优劣的尺度，如果该值为正，说明投资项目可取，反之则不可取。

第二节　管理会计在企业投资决策的应用

随着中国经济全球化进程的不断深入，企业面临的竞争形势越来越严峻。企业通过投资扩大再生产，实现产业转型的投资决策水平很大程度上决定了企业的经济效益。西方国家企业管理会计的恰当应用能在企业投资决策中充分发挥专业作用，从科学角度对企业的投资决策进行分析研究，为企业投资决策提供更加准确的依据，实现投资过程的高效率。

一、信息化环境下管理会计的信息特征

管理会计是将现代化管理与会计融为一体，为企业的经营管理人员提供管理信息的会计，它是企业管理信息系统的一个子系统，是决策支持系统的组成部分，是企业财务管理的一个重要职能。管理会计运用适当的观念和技术来处理企业个体的历史预测性的经济资料，以达到预期经济前景、参与经济决策、规划经营目标、控制经济过程、考评经营业绩的目的。管理会计工作目的是通过企业内部的计划、决策与控制以达到增加企业价值的最终目标。

在全球化经济背景下，管理会计内置于企业经营管理的各重要环节，具有丰富的信息管理色彩，具备以下特征：

（一）通用性

通用性是指在管理会计工作中所产生的信息体系应具有共通的特性。从企业经营活动全过程分析，管理会计在内容上包括：用于支持市场、企业产品、客户开发等业务发展的信息；用于支持产品生产、服务提供等信息；用于评价分析组织战略、组织绩效等业绩评价信息。

（二）客观性

管理会计在具体实施过程中，不受会计准则对财务会计信息编制的统一要求和规范的影响，管理会计信息应体现其公正、客观性。管理会计信息的客观性是企业的管理者对利用信息进行经济决策所提出的最低要求，也强调了管理会计师自身的职业道德规范。

（三）内嵌性

为了提高企业的经济效益，管理会计通过专业分析研究，提供企业需要的各种数据、资料，为企业内部建立各种会计控制制度。管理会计通过对企业经济活动近期预测，对真实性经济资料分析，预期经济前景、参与经济决策、规划经营目标、控制经济过程、考评

经营业绩。管理会计工作内嵌于企业管理活动中。

（四）技术性

管理会计与财务会计是不同的，具有更加明确、更加复杂的技术特征，管理会计是运用相关专业理念和数据分析技术，处理、分析企业个体的近期经济活动情况，预测未来趋势，其工作具有比财务会计更高的技术含量。

二、管理会计在企业投资决策中应用的优势

在新形势下，企业投资决策是企业发展的重中之重，企业内部上下对此给予了高度重视和关注。其中，在会计模式中，管理会计占据着举足轻重的地位，在企业投资决策方面也得到了广泛的应用。通过管理会计与企业投资决策的紧密融合，可以确保企业投资决策的科学性和合理性，充分彰显管理会计的应用价值，有利于进一步完善管理会计体系，在整体上确保企业投资效率的稳步提升。

（一）有利于不断增强企业在现代商业环境变化中的适应能力

众所周知，现代商业发展速度极其迅猛，企业要想实现与全球经济发展的紧密融合，并获得较高的竞争优势，关注国内市场的经济形势是很有必要的，但是同时对外部市场也要高度重视。管理会计的应用可以使企业管理理念在管理方式中体现出来，从而不断提高企业管理水平，更好地适应商业环境的变化发展趋势。

（二）有利于确保企业投资决策的科学性

对于市场经济而言，投资决策在本质上就是竞争，所以对企业的战略决策有较多的要求。要想在激烈的市场竞争中脱颖而出，必须要确保决策的准确无误。管理会计的应用，可以提升战略决策的高度和深度，确保良好的管理效力，对企业发展的诸多因素进行系统化的考量，从而做出决策。

（三）有利于将企业的短期效应与长远发展结合起来

传统会计在决策效益的评价方面过于注重节约材料和人工，由于过于注重短期效应，一定程度上会影响到企业其他部门的利益，不利于企业的长远发展，也很难提高企业的生产经营效率。而借助管理会计，投资决策的长期性和全局性特点、财务效益和非财务效益都得到了充分体现，从而可以确保企业投资决策评价的准确无误。

三、管理会计在企业投资决策中应用的不足之处

随着企业管理水平的不断提高，效益原则让管理会计日显重要。我国管理会计近年来在一些大中型企业中得到了应用，在日常经营管理过程中推行零基预算、净现值法、责任会计、变动成本模型法等方法，取得了良好成效。但在大多数中小企业没有推行管理会计，在企业投资决策、预测分析、成本管理、风险控制过程中管理会计没有发挥作用，存在以

下普遍问题：

（一）投资决策前期调研工作有待完善

企业投资决策旨在确保投资者预期投资目标的实现，借助规范程序、专业方法，不断提高投资项目的可行性，发挥出良好的预测和评估能力。传统的投资决策采取普遍调查、访问、研究、分析方法，程序过于简单，企业在研究和分析投资项目可行性方面还不够系统、周密，存在相关信息依据不全面、不真实的问题从而影响企业管理者的投资决策。

（二）缺少科学的管理会计方法

在企业不断发展过程中，决策之前要加强管理会计的应用，为提高决策的科学性提供一定的依据。企业投资经营活动是在投资决策的基础上进行的，投资预测、评估、优选、决策的过程是一个系统过程，是对将要实施的投资方案进行科学评估、分析优选的过程。现实情况是大部分企业在实施投资决策时未能采用管理会计专门方法，如本量利分析法进行前期分析，造成投资决策失误。

（三）管理人员对管理会计重视不够

大多数企业高层管理人员比较熟悉的是会计核算和财务管理工作，对管理会计的重要性认识不足，不明白管理会计在决策中具有十分重要的作用；存在认为投资决策和管理工作与财务工作关联程度不高的错误认识；财务管理工作仅用来保证企业投资资金，在投资决策中没有得到实质性应用。因此在企业投资决策过程中没有引入管理会计，制度化、系统化的参与机制尚未形成。

（四）财务人员管理会计工作能力不足

管理会计是一门新兴学科，诸多财务人员对记录历史数据过度重视，在分析工作和大数据处理过程中，则出现了较多的薄弱点和空白点，财务人员对管理会计在投资决策中应用能力不足，投资决策需求在当前的管理会计水平条件下还无法得到充分满足，投资决策参与能力相对较低。

四、管理会计在企业投资决策中的应用策略

管理会计在企业投资决策中的应用是经济全球化背景下的必然要求。融资活动、投资活动及其管理构成财务管理的核心内容，特别体现在融资定价及资本结构安排等融资方面，以及投资决策与资本预算等投资方面，而围绕企业经营活动所开展的信息提供、经营决策与规划、管理控制等则成为管理会计的根本。财务管理人员充分发挥管理会计职能，对企业在外投资项目的分析预测、洽谈、合同签订的全过程发挥重要作用。管理会计关注企业经营活动，并通过管理会计信息以高度参与经营决策、规划与组织控制。管理会计在企业投资决策中应用从以下几个方面实施：

（一）加强投资决策前投资价值分析

在企业投资决策过程中，投资价值分析不容忽视，要对项目实际情况进行充分了解，加强专业化分析，将项目各项经济指标充分反映出来，确保结论的科学性和客观性。对于投资价值分析而言，要基于项目市场化大环境，对项目的可行性进行深入分析，确定好投资项目实施的价值性。在投资价值分析中，管理会计的应用可以显著提高企业投资风险的防范能力，为提高投资效益带来可行的帮助。其中，要加强大数据技术的引入，将管理会计和信息技术结合在一起，借助信息技术做好信息收集和处理工作，将大型设备的各个环节数据进行共享，比如采购、安装以及运行维护等，从而给予数据准确性和实时性一定的保证，将管理会计方法的适用性体现出来，从而大大提高企业投资决策的科学性。

（二）加强专业管理会计方法的应用

在企业实际决策需求方面，管理会计的分析模式具有多元化特点，所以企业在投资决策过程中要将管理会计的用途明确化，保证高度的科学性。其中，常见的分析方法主要包括成本性态分析、成本—效益分析等，针对被研究的项目，可以大大提高定量描述的精准性，使企业投资决策具有客观性和科学性。同时，管理会计在企业经营活动和企业投资活动中具有较高的适用性，企业管理人员通过管理会计方法的应用，可以在投资决策的整个过程中体现出来，比如市场分析调查、投资估算等。在实施管理会计过程中，管理者通过加强投资活动关键指标的运用，可以精细化分析投资项目，确保高度的可行性，为优化企业投资管理决策提供一定的帮助。

（三）注重投资决策的风险防范

管理会计人员要对投资风险进行分析，明确投资估算，对投资所需的时间进行合理、科学的预测，进一步估算项目投资总额和资金需求，确保估算投资总额的准确性。通过管理会计在投资决策中的应用，企业可以加强内部报酬率 IRR 计算的应用，对投资产生的资金成本进行深入分析和估计，从而确保投资收益率计算的准确性。内含报酬率比资金成本率大，方案的可行性才比较高，而且内含报酬率较高，可以使方案的可行性得到进一步保证。借助分析预测和专业数据，可以给予投资决策的可操作性强有力的保证，从而防止投资决策风险出现。

（四）积极培养财务人员管理会计应用能力

管理会计具有较强的专业性，在参与企业经营管理决策和投资分析等方面发挥着不可比拟的作用和优势，管理会计工作所获取的信息，可以为企业管理者的投资决策提供一定的帮助，确保组织战略目标的达成。在企业投资活动实施之前，要结合项目投资需求，选出资质良好的财务总监，全方位、多角度地考察其综合素质和管理能力等。在企业投资决策和实施阶段，财务总监要保证较高的参与度，并做好资金筹集工作，以便更好地开展项目。管理会计人员也要积极参与到投资项目调查这一环节中来，将企业投资或并购后的财务整合工作落实到位。

（五）强化对管理会计在投资决策中的应用研究

管理会计服务于企业经营活动，更服务于企业投资活动。我国企业管理人员应加强对管理会计体系的研究，将管理会计专门方法应用于投资决策的市场分析调查、投资估算与资金筹措、财务评价与效益分析、投资项目风险分析全过程。在管理会计实施过程中，管理者利用相关科学信息对投资活动的关键指标，对投资项目可行性、效益性驱动因素进行精细化分析、判断，支持企业管理者鉴别、确定价值驱动因素，服务和优化公司投资管理决策。管理会计人员要判断投资是否可行，需要与切合企业实际资金成本进行比较。对投资项目现金流量分析时，管理会计人员应当对以下问题进行重点分析：对相关成本和非相关成本进行科学划分，应当重视机会成本，对于投资方案对企业其他方面的影响和营运资源的影响应当充分考虑；通过项目投资决策分析中科学的财务分析选择分期还款、等额本金还款等较为有利的还款方式，有效降低投资成本。

综上所述，在企业投资决策方面，管理会计发挥着不可比拟的作用和优势，有利于企业管理者投资决策的准确无误，推动企业日常经营活动的顺利进行。其中，在管理会计实施过程中，要注重将加强投资决策前投资价值分析、加强专业管理会计方法的应用、注重投资决策的风险防范、积极培养财务人员管理会计应用能力等措施落实到位。基于此，可以将管理会计与企业战略发展目标结合在一起，以便为企业投资决策提供全新的发展方向和道路。

第三节　战略管理会计对企业投资决策的影响

战略管理会计，即管理会计与企业战略的结合，它不是管理会计的一个分支，而是传统管理会计在新的市场环境和企业管理环境下的发展。战略管理会计是高科技、新市场要求和现代管理三者相结合、顺应时代潮流的产物，是管理会计发展的一种新思维，而这一新思维对传统管理会计的观念、方法和原则，尤其是对传统的投资决策分析带来了极大的冲击和影响。

一、战略管理会计概述

战略管理会计是企业管理的一个决策支持系统，而作为决策支持系统，战略管理会计旨在提供关于企业外部市场和竞争者的信息，同时用战略的观点来看待内部信息，强调运用财务信息与非财务信息，帮助决策层制定战略。战略管理会计与传统管理会计相比有了较大改善，能很好地弥补传统管理会计的缺陷。战略管理会计之所以可以弥补传统管理会计的缺陷，重要原因之一就是战略管理会计的信息来源极其广泛，而且所提供的信息具有很强的决策有用性。在战略管理会计的支持下，企业可以最大限度地利用环境中存在的机遇，全方位地迎接所面临的危机和挑战。管理会计也可以提供给企业外部市场和竞争对手的信息，协助企业制定、实施战略计划以取得竞争优势方面的内容。企业投资决策超越了一个会计主体的范围。战略管理会计强调整体观和长期观，这就促使企业在评价投资决策效益时一方面既要考虑决策的财务效益又要考虑决策的非财务效益，如决策对环境的适应性、生产系统的灵活性、质量的适当性、职工的积极性和协作程度、顾客的满意程度、市场的占有率以及社会责任的履行情况等；另一方面企业在评价投资决策效益时要坚持整体观和长期观，使企业的效益在一个较长的时期内达到整体最优。

战略管理会计在企业当中应用的范围主要是战略管理目标的制定、战略成本管理、战略性经营投资决策及战略性业绩评价。战略管理目标的制定主要是指从企业内、外部获取相应的信息，根据公司的总体经营目标和战略规划来进行战略目标的确定，并采取各种措施进行合理性的论证比较，供企业管理层进行选择。战略成本管理是战略管理会计的重要工作，主要是指企业为了保持持久竞争优势进行的关于会计方面的一系列的管理和分析，如成本分析和成本管理。战略成本管理从战略发展的角度来分析影响整个管理系统的因素，并通过因素的分析来找出降低企业生产管理成本的方法，最终实现以相等成本来提供给顾客较高的价值。

二、战略管理会计在企业投资决策分析中的作用

（一）为企业的长远发展提供财务和非财务方面的信息

战略管理会计能够弥补传统管理会计的一些缺陷，传统管理会计的信息来源渠道非常狭隘，仅靠公司内部的相关信息就对公司提供的相关数据进行管理，而战略管理会计的信息来源渠道就非常广泛，其提供的信息有很强的投资决策有用性。企业的战略性投资决策一般都资金额度高，因此投资方向的决定关系到企业的长远发展，所以在企业制定长远发展规划时要借鉴战略管理会计的相关数据做参考。战略管理会计在对企业进行数据提供时不仅要提供财务方面的信息，还要注重企业的组织机构的设置是否合理，企业相关产品的开发、产品使用的寿命周期等信息，这些都对企业的战略决策有重要意义。

（二）帮助企业更好地适应现代商业的环境变化

现代商业发展迅速，特别是在经济全球化趋势影响下，企业如何更好地实现与全球经济发展的接轨也是企业特别关注的问题。企业要想在激烈的国际竞争中立于不败之地，仅仅关注国内市场的经济发展趋势是远远不够的，不仅要关注国内市场，也要多关注外部市场。战略管理会计的管理就是与国际经济发展接轨的一个很好的体现，战略管理会计的实现，使得企业的管理理念更好地体现在管理方式上，也使得企业的管理上升到了战略层面上。

（三）使得企业做出更科学的投资决策

战略管理会计是在经济全球化背景下提出的，市场经济在本质上来讲还是一种竞争经济，因此企业的战略决策就极为重要，想要在竞争中有所突出就要做出正确的决策。战略管理会计使得企业在战略决策时能有一个战略高度，站在战略高度上进行科学的管理，综合考量企业发展的多种因素做出决策，这种决策的做出以及实现都对企业的长远发展有很重要的影响。

三、战略管理会计在企业投资决策分析中的实现

战略管理会计对企业的投资决策有很重要的影响，因此战略管理会计的实现极为重要，目前战略管理会计在我国的发展还存在一些不足，主要表现在：战略管理会计在我国并没有普及实现，总体的应用水平比较差；相应的战略管理会计的理论普及程度不高，且在我国专业的战略管理会计人员也没有形成具体的培养体系，应用战略管理会计的企业环境也尚未形成。为了提高我国战略管理会计的实现水平及管理水平，应从以下几方面入手：首先，要加强战略管理理论方法上的研究，包括企业和从业人员对战略管理会计系统的研究，从整个企业环境来讲，要建立适合我国经济发展需要的战略管理会计体系，根据我国商业企业发展的具体情况及时推进系统的应用；其次，要不断改进战略管理的思维观念，企业管理者要不断强化自身的战略观念，不断学习新的管理方法和理念，大力培养高素质的战略管理会计人员，建设好公司的人才队伍；最后，要不断总结借鉴先进的国内外战略管理会计经验，并结合自身企业发展实际，不断完善以适合自身企业发展需要。

企业的战略管理会计对企业的投资影响巨大，因此企业要关注战略管理会计应用的及时实现，在综合借鉴国内外成功的战略管理会计经验基础上结合本公司自身发展实际，找出适合本企业发展的战略管理会计模式，使企业得以长远发展。

第九章　管理会计与预算管理

在当前市场竞争越发激烈的大环境下，企业需要从多个方面进行改进和提升来增强自身竞争优势，而管理会计与预算管理就是其中的关键方面。目前，我国的管理会计与预算管理工作仍是内部控制的薄弱环节，因此应在明确认识管理会计与预算管理重要性的基础上加强管理措施，最终促进企业长远发展。

第一节　管理会计与预算管理概述

管理会计对企业的预算管理有着非常重要的指导作用，企业应该强化其在预算编制、执行中的应用，积极推进管理会计在企业管理中的应用，帮助企业建立完善的预算管理模式，提高企业的经营管理水平。

一、预算管理的重要性

（一）预算管理的含义及其优点

预算管理是指企业在战略目标的指导下，对未来的经营活动和相应财务结果进行充分、全面的预测和筹划，并通过对执行过程的监控，将实际完成情况与预算目标不断对照和分析，从而及时指导经营活动的改善和调整，以帮助管理者更加有效地管理企业和最大限度地实现战略目标。预算管理可优化企业的资源配置，全方位地调动企业各个层面员工的积极性，是会计将企业内部的管理灵活运用于预算管理的全过程，促使企业效益最大化的坚实的基础。

预算管理是行为计划的量化，这种量化有助于管理者协调、贯彻计划，是一种重要的管理工具。预算管理具有以下优点：

1. 制定计划。预算有助于管理者通过计划具体的行为来确定可行的目标，同时能使管理者考虑各种可能的情形。

2. 促进合作与交流。总预算能协调组织的活动，使得管理者全盘考虑整个价值链之间的相互联系，预算是一个有效的沟通手段，能触及企业的各个角落。

3. 有助于业绩评价。通过预算管理各项目标的预测、组织实施，能促进企业各项目标的实现，保证企业各项目标的不断提高和优化。预算管理是体现企业业绩的一种管理模式。

4. 激励员工。预算的过程会促进管理者及全体员工面向未来，促进发展，有助于增强预见性，避免盲目行为，激励员工完成企业的目标。

正是由于预算管理具备以上优势，它才能在大企业中得以广泛应用，并取得了很好的效果。企业预算管理是在企业战略目标的指引下，通过预算编制、执行、控制、考评与激励等一系列活动，全面提高企业管理水平和经营效率，实现企业价值最大化。

（二）预算管理的意义

1. 预算是计划的数量化

预算不是简单的收支预计或仅把预算看作财务数字金额方面的反映，预算是一种资源分配，是对计划投入产出内容、数量和投入产出时间安排的详细说明。预算的编制可以使企业经理人明确经营目标和工作方向。

2. 预算是一种预测

预算是对未来一段时间内收支情况的预计，预算执行者可以根据预测到的可能存在的问题、环境变化的趋势，采取措施预做准备，控制偏差，保证计划目标的实现。

3. 预算是一种控制手段

预算以数量化的方式来表明管理工作标准，控制是以确定的管理工作标准，对行动的度量和纠正偏差。所以预算管理是过程中的控制，即事前控制、事中控制、事后控制。事前控制是投资项目或生产经营的规划、预算的编制，详细地描述了为实现计划目标而要进行的工作标准。事中控制是一种协调、限制差异的行动，保证预期目标的实现。事后控制是鉴别偏差，纠正不利的影响。

4. 预算管理是一种协调

公司的总预算是由各分预算汇编而成的，从组织预算编制到预算执行，各相关部门必须协商沟通、相互配合，以便管理层工作协商一致，获得更好的计划和执行效果，这也是预算管理的基本目的。经董事会批准的预算，表述了计划期企业的业绩展望，所有经理人员和雇员一定要努力工作达到计划目标。预算是预算期之前编制并获得董事会批准的计划，通过实际执行结果与预算的差异分析，可以评价相关经理人员和雇员的工作表现。

5. 预算编制有利于完善企业基础管理

预算编制必须有各项相关的定额，如人员、物料消耗定额等。要求定额合理并随定额条件变化而修正。预算的编制与预算控制对信息要求面广、量大，要求信息传递及时准确，以促进信息管理发展。

6. 预算是考核工作效率、工作质量的标准

预算是以数量化的方式来表明管理工作的标准，其本身具有可考核性，因而可以根据预算执行情况来评定工作成效，分析差异，改进工作。

从预算的编制到执行控制和业绩评价，完整地体现了管理上为实现预期目标而进行的协调活动。建立以预算为中心的管理体系是由预算在企业管理中的地位和作用决定的。

二、管理会计在预算管理中应用的重要性

（一）管理会计为预算管理提供方法指导

管理会计中的方法和理念为预算管理提供了指导，促进了企业科学预算管理的发展。比如，预算编制中常常需要用到管理会计中的增量预算法，对预算的编制参考上一阶段的预算执行情况和本阶段的市场变化，指导下一阶段预算编制。此外，在企业的成本预算中也经常用到管理会计理念，复杂的成本、费用使得单纯的预算管理很难得到完整清晰的预算结果，此时需要借助管理会计的管理方法对预算中成本预算进行完整的系统编制，有助于解决预算编制中常常出现的混乱问题。最后，预算编制对所需费用的预测常常需要根据不同的项目进行阶段分析，这个过程是动态的，过去那种静态的费用预测方式已经不能满足企业的发展，此时借助管理会计中的弹性预算分析法进行费用的动态分析能够增加预算的准确度。

（二）管理会计强化了预算执行效果

预算编制结束后进入到预算执行阶段，预算执行对预算编制是否合理起着检验作用，在预算执行阶段企业的各个业务部门根据预算编制进行工作安排，而实际工作受到市场环境变化的影响，所以实际工作结果和预算存在差异，差异的大小可以衡量预算编制的科学与否，所以在预算执行中，预算编制可以得到真实的检验。管理会计在预算执行中可以通过应用科学的管理方法对预算的执行过程进行管控，在不同层面进行不同的管控，比如在领导层加强对整体预算理念和规定的制定，对预算管理起到宏观层面的控制，为预算管理打下坚实的基础，在部门和不同的业务层面进行精细化管理，根据各个部门的业务特点制定不同的管控体系，严格控制各项成本和费用，尽量遵循预算水平，不断优化实际成本费用结构，并对预算形成反馈，加强管理会计对预算的执行效果评估。

第二节　管理会计在预算管理中的应用

管理会计在预算管理中的应用是财务管理中的重要组成方面，通过预算管理中管理会计的应用可以有效帮助企业实现内部控制，实现对资金的良好运用。当前我国企业中的财务管理尚存一定的问题，需要从管理会计的角度进行优化，本节从管理会计在预算管理中的现状入手，分析存在的问题，探讨优化的措施，为我国企业内部控制的进度提供借鉴思路。

管理会计起源于传统会计领域，其生成时间远短于财务会计，却在生成之初就成为能够辅助企业管理、帮助企业提高经营利润的会计分支。随着改革开放的深入，我国国内市场竞争激烈程度不断加剧，管理会计逐渐成为企业生存和发展的重要途径，可以帮助企业

更科学、合理地使用资金和资产。2014 年 10 月 27 日，财政部印发《关于全面推进管理会计体系建设的指导意见》(财会〔2014〕27 号)，明确提出了“建立与我国社会主义市场经济体制相适应的管理会计体系”的主要目标。

一、管理会计在预算管理中应用存在的问题

(一)管理会计存在局限

管理会计的起源在西方发达国家，更适合于西方国家的经济形势，我国虽然自 2014 年后开始大力推行管理会计，但我国更多的是选用成熟的西方研究成果和管理会计实例，并未通过研究形成符合我国经济形势的管理会计体系。管理会计在我国应用的局限体现在它在定量分析方面的不完整，这使得管理会计虽然有财政部大力推行，但想要适合于我国企业使用还需要一定的优化和调整。我国市场经济十分具有中国特色，国家政策的倾向对企业的发展十分重要，与政策倾向和市场风向变化对企业的影响相比，管理会计的能量相对较小，还需要进一步发展，才能正式在企业发展中占据主动。

(二)管理会计的推动需要占用部分资源

管理会计属于企业内部控制的组成部分，主要负责辅助企业进行经营管理，致力于帮助企业提高经营利润，内部控制的实现不可避免会占用企业经营岗位、人力引进计划、固定资产和资金使用预算，在大型企业中，经营者想要在已经成型的管理体系中加入管理会计将受到较大阻力，阻力更多来自管理体系，在中小型企业中实现管理会计的阻力更多来自企业所有人，因为在实施初期必然会占用企业生产经营的部分资源，这使得管理会计的推行和落地有一定的阻力，比较被动。

(三)财务人员素质影响管理会计的应用

制度、政策、决策的落地和执行需要人，管理会计的推行和使用同样需要财务人员的配合，这使得财务部门在推行管理会计的过程中，对从事财务管理工作的工作人员提出了无形的、更高的要求，然而我国当前从事财务管理工作的人员持证率远低于合理水平，对管理会计内容、特点有所了解和认识的财务管理人员数量更少，对企业经营发展认识不足，这使得财务人员本身被局限在财务会计工作之中，无法影响企业管理层的经营管理决策，在很大程度上限制了管理会计的推行和应用。

二、优化管理会计在预算管理中应用的措施

(一)正确认识管理会计

企业发展过程中需要正确认识管理会计，正确认识管理会计的内涵、特点，正确认识并处理管理会计与预算管理、企业内部控制之间的关系，企业的财务管理部门需要从管理会计的角度出发，正确把握财务与企业经营管理之间的协调关系，一方面避免因企业经营

管理过程中过分追求效益导致财务风险爆发，另一方面避免为规避财务风险而导致企业经营管理的受限，要让管理会计逐渐融入企业的运营，巧妙利用预算管理使企业发展得更加科学、规范、合理，并且降低企业的财务风险。

（二）完善管理会计制度

1. 科学完善制度

企业在进行财务预算时必须深入剖析企业自身的实际需求和管理会计的特点，贯彻落实《关于全面推进管理会计体系建设的指导意见》，为企业建立完整的、多层次的、具体化的财务管理会计制度；企业财务管理部门在运行和执行管理会计制度的过程中需要在遵守国家规定、法律的同时遵守企业内部制定的管理会计制度，使管理会计能够与企业经营管理相融合，使财务预算管理能够为企业的经营管理提供辅助力量；完善的管理会计制度需要落实到各工作岗位之上，对企业经营管理和财务管理的各个方向进行细致规定，完善企业在资金使用、资产管理、风险控制、责任划分等多个方面的细节，搭配企业绩效考核制度进行落实和执行，为企业生存和发展发挥出应有的力量。

2. 财务预算一体化

企业想要推行管理会计，必须要实现财政预算一体化。传统企业财务管理工作中对预算的管理分为“收入”“支出”“管理”，在管理会计推行过程中，企业需要完成对预算管理的重新规范，根据管理会计的要求重新制定预算制度和标准，将预算管理的范畴扩大并细化，预算管理的范畴扩大是指财务预算管理需要参与企业经营全过程的管理，参与对企业生产经营的全程监督，以便及时解决企业经营管理中出现的各类资金问题；预算管理的细化是指财务管理部门将企业经营过程中可能出现的资金支出、收入问题进行细致划分，例如，预算支出要从人力资源支出细化为基本薪资支出、培训支出、社会保险基数调整额外支出、编制扩充支出，以便于财务管理部门对企业部门动态进行监督管理，将企业预算支出控制在一定范围内，辅助企业内部财务控制的施行。

（三）改善管理会计在预算管理中应用的环境

目前，我国企业对管理会计的应用仍不够重视，改善管理会计应用环境的理念也不够深，这就造成管理会计在企业中难以发挥应有的职能和作用，所以，企业必须着手改善管理会计的应用环境。

首先，企业应该在制度层面加强对管理会计应用体制的建设，不断完善管理会计的应用环境建设，在制度层面和环境层面共同推动管理会计在预算管理中的应用。在对管理会计体系建设过程中，既要吸收借鉴国外先进的经验，又要结合我国的市场体制和企业的发展现状建立符合我国企业发展的管理会计体系。

其次，企业要不断完善同管理会计配套的机制建设，建立健全企业的信息网络，为管理会计提供完善的信息平台，实现信息共享，保障预算管理所需数据和材料能够得到快速完备的传递和共享，逐渐摒弃过去会计预算信息碎片化、分散化的状态，做到数据信息的集中管理，不断运用先进的科学技术提高企业管理会计和预算系统的信息化程度，不断优化流程设计、板块设计，优化信息系统的各类功能。

最后，企业要加强管理会计在预算工作中的应用，增加会计部门和工作人员对企业预算制定的参与度，让专业的会计管理人员参与到预算管理的环节中，充分利用他们的专业技能，帮助企业更好地实行预算管理，充分发挥财务部门的引导作用，帮助管理会计应用于预算管理，推动企业预算管理更好地发展。

（四）加强管理会计方法对预算管理的指导作用

在预算编制的过程中，常常需要借助管理会计的方法对预算管理进行科学有效的指导，提升预算管理的科学性和准确性，能够更加符合当下企业的经营管理，提升预算管理的水平，增强企业的竞争力。

首先，在预算的编制过程中，预算部门常常需要借助管理会计中的增量预算法，合理的使用上一阶段的预算水平和当下经营环境的变化和市场变化进行科学的测算，预测本期的需求变化从而制定出本期的预算。

其次，科学的监督管理是预算执行中必不可少的环节，管理监督是管理会计中很重要的内容，能够帮助企业完善预算执行的科学性和高效性，为下一阶段预算方案的调整优化提供准确的参考。

最后，预算编制是一个动态的过程，过去的相对静态的编制方法导致预算对于企业业务经营的作用受到限制，在动态的预算编制中，可以借助管理会计中的弹性算法来进行预算的动态分析。比如，在预算中很大一部分预算是针对成本的预算，成本中包含很多复杂的成本费用预算，根据对整个预算阶段的预算，对不同业务的成本分配等进行不同模块的预算，运用各个业务和企业整体的目标之间的关系进行科学的统计分析，测算出不同的业务板块的成本费用预算，这样得到的预算结果才更有意义，更能反映下一阶段企业的不同业务的预算情况，对企业的经营管理更有指导意义。所以，企业在预算编制的时候一定要加强对管理会计的应用，运用管理会计中的相关方法和管理理念对预算进行科学准确的编制，提升预算编制的合理性。

（五）强化管理会计的管控作用

企业需要不断强化管理会计对预算管理的管控作用，提升预算执行效果。

首先，在领导层制定企业整体的预算方案时运用管理会计的控制方法将预算理念融入企业经营管理，领导层充分运用管理权和科学的管理方式强化预算执行在企业经营中的积极作用，保障实际工作能够受到预算的积极指导，运用管理会计中的控制手段，加强领导层对预算执行的管控，严格控制整体成本和费用支出，不断优化成本费用的支出结构，并通过实际工作结果对预算形成真实的反馈，根据反馈结果对预算编制进行优化，为下一阶段的预算编制和执行提供积极参考。

其次，在各个业务部门的预算执行中，管理会计中的分级管控可以应用在不同的业务部门对预算执行的管控过程中，对具体的各项业务在执行预算的时候一定要根据业务部门的特征和市场变化加强管理力度，积极管控风险，并加强对预算执行情况的反馈，反馈要做到日日清，将最直接有效的结果反馈到管理层，这样才能不断优化预算方案，针对预算方案的执行情况各个业务部门要开展专项会议，探讨一定阶段的预算执行情况，贯彻管理会计理念，最大限度提升预算管理的水平。

最后，在日常经营管理中，企业要大力推进管理会计和预算管理的结合，对具体的业务给予具有针对性的解决方式加强对预算执行的监督管理，使预算管理真正做到科学、合理、专业，能够从实际执行角度对企业的经营管理起到促进作用，为企业的科学管理提供帮助。

（六）防范财务风险

企业经营过程中必须要重视对于财务风险的防范，避免在资金流动过程中出现资金链断裂等威胁企业生存的情况，因此企业财务管理部门必须明确企业经营过程中的薄弱环节，通过预算管理与经营管理的配合对薄弱环节进行覆盖，最大限度避免资金大量外流、企业账目存在大量应收账款的情况出现；进行企业闲置资金投资时也需要兼顾收益和企业可承受风险，万不可为追求利益而让企业财务出现新的风险，还要通过严格的审核控制投资项目组合的合理性，避免财务管理人员以伤害企业利益的方式获取私利；企业应当坚持现代化财务建设，应用成熟的财务管理系统辅助财务人员工作，一旦出现财务风险可以及时提醒，避免因人为失误导致企业经营管理受阻；企业应当坚持预算编制，针对部门经营过程中的超支情况进行严格审查，对于不必要的支出部分进行阻止，对于必要的支出部分予以支持，并及时采取措施，因为财务管理中的预算编制需要维护和坚持，但不可因坚持预算编制就阻碍企业经营发展或坐视威胁企业生存的风险发生。

（七）培养财务人才

财务人才是企业推行管理会计、预算管理的重要基础，因此企业必须重视对财务人才的引入和培养，结合西方发达国家的发展过程和结果，建议企业在发展不同阶段采取不同的人才培养方式。首先在企业发展初期，可以采用持证上岗与岗内培养相结合的方式为企业打造财务人才梯队，为企业发展提供人才助力；企业发展到一定程度后，有实力也有条件进行人才定向培养时，可以采用校企合作的方式，寻找合适的、有实力的高校或职业院校进行人才定向培养，用市场需求引导学校增设管理会计专业课程，企业原有的岗内培养也可以转移一部分课程与学校专业课程合并，既可以为企业节省一部分的培训支出，又可以培养出企业需求的财务管理人员，为企业未来发展提供人才助力。

管理会计在企业的经营发展中，将会越来越重要，其中的管理方法和理念对于企业进行预算管理有着重要的影响，能够帮助企业进行科学专业的预算决策分析，编制更加科学合理的预算方案，帮助企业建立健全完善的预算管理体系，企业应该将管理会计与预算管理融合，推动预算管理的执行，提高预算管理水平，为企业的经营管理发挥积极的推动作用。

第三节 管理会计与全面预算管理的整合

在管理会计中通过对所预算的内容进行运算、筹划，进而对企业的资金走向和流动情况进行归纳、分析，建构起企业的决策，可以有效地实施企业的发展战略。全面预算可以有效地反映出企业近期的盈利情况以及根据企业目前的状态来对企业未来的财务和盈利亏损情况进行详细的了解，这有助于明确企业下一步的走向，确定企业下一步的工作任务和工作重点。从我国有关企业在全面预算管理工作上的成果来看，全面预算对有关企业的管理模式以及运营机制起到了积极的推动作用。在管理会计中应当科学、合理地利用会计工具，有目的地进行管理会计与全面预算管理的整合，进而健全预算管理组织体系，不断完善企业整体的管理机制，能够有效提高企业的运营管理水平，推动企业平稳有效地进行相互运转与协调。

一、全面预算管理概述

（一）全面预算管理的概念

全面预算管理是指在对企业目前的状态、实际情况、内部与外部的协调、运转状况等进行科学分析的基础上，降低企业的风险，实现企业效益的最大化。对企业的各种趋势和走向进行预测并做出决策，对企业相应的资源进行合理的配置，实现企业资源配置的合理化和最大化。将企业的各类预算计划进行数字化、透明化、公开化的展示与分析，进而得到一系列有关企业发展的运行机制和方向，做出合理的工作计划。

（二）全面预算管理的作用

全面预算管理有利于企业的各级各部门明确工作目标和任务，帮助企业各部门人员明确本部门与企业总体目标之间的差距，进而能够使得企业各个部门之间根据企业的工作目标展开工作，促进各部门之间相互协调、相互作用，共同来完成企业的战略目标。全面预算管理还可以促进各级各部门之间完善和调整工作方案，最大化地实现方案的最优化，大大协调了各部门之间的工作。全面预算管理通过对各类预算的对比、运算，得出企业经济活动的走向，分析造成与原本目标产生偏差的具体原因，推动各级各部门调整自身的工作任务，确保目标任务的实现。

（三）全面预算管理的本质

全面预算管理是根据工作的总体目标，将这些目标拆分成相对一致的分目标，由各级各部门相互协调、共同完成，这些拆分完成的小目标再组成企业的整体目标，实现企业效益的最大化，从管理学的角度来讲，全面预算管理是一种目标管理的方式，通过目标管理的概念来实现企业财务管理的理论与实践相结合。从全面预算的预算执行、预算编制、预算评价等几个中心环节来看，全面预算管理的本质则是基于财务评价模式对企业业绩进行评价。

（四）实行全面预算管理的必要性

全面预算管理是利用预算对企业的各种财务及非财务资源进行分配、考核、控制，以便有效地组织和协调生产经营活动，完成既定的企业经营目标。全面预算管理作为企业战略管理的重要手段，也是保证经济效益增长的有效方式。它将企业的战略目标进一步细化，落实到最基本的单元，使战略目标更具有可行性，操作性也更强。企业在制定出具体的战略目标以及对未来进行预测的基础上，通过生产经营管理、投资决策管理以及资产运作等全面预算管理来实现企业的发展目标。西方发达国家经过多年的实践证明，企业实行全面预算管理能够有效地提升企业内部管控，优化企业资源的配置，完善企业的管理，更好地促进企业经济发展，从而实现战略目标。全面预算管理作为一种现代化的管理方式，能够为企业内部经济职责落实提供重要依据，同时也有助于完善企业内部约束机制，提高企业的财务管理水平。全面预算的编制一般按照“上下结合、分级编制、逐级汇总”的程序进行，在生产经营过程中必然出现各种主体因为利益和资源等产生的矛盾，而全面预算可以成为平衡企业内部各方利益群体的重要工具，保持企业发展不因利益冲突偏离既定目标。

二、全面预算管理存在的缺陷与不足

（一）短期目标对企业长期战略带来负面影响

全面预算管理是一种目标管理模式，在对目标管理的过程中要将企业的整体目标进行拆分，各种小目标的周期较短，容易忽略企业整体运转的过程。部门将企业的年度预算拆分细化成季度预算或者月度预算，在这些预算完成的基础之上逐步完善并整合到年度预算。

（二）过分关注财务指标

在全面预算管理中，一般会将财务指标作为企业业绩最主要的评价标准，这大大束缚了企业全面预算管理工作的开展，使得除了财务指标之外的其他指标难以融入全面预算管理工作，或者其他指标在对企业利益的指导上就会产生很大偏差，使得有关人员难以分清工作的主次，不能牢牢抓住工作重点进行全面预算管理，从而影响企业文化、企业形象的形成。从企业的长远发展来看，全面预算管理应当从财务指标以及其他对全面预算管理工作有利的非财务指标出发，使企业在不断发展创新中形成企业核心的思想和文化，增强企业的影响力，树立企业良好的形象。

（三）全面预算管理中的公开信息不真实

由于在全面预算管理中，各个部门只重视部门的业绩，使得责任中心在与总部进行信息沟通的发布过程中，将其占有的信息优势进行虚假上报，从而导致了信息的不对称。由于业绩评价以及激励模式的存在，造成各部门在信息的公开与发布过程中进行隐藏，反而对企业产生了负面影响，严重影响了企业进行全面预算管理的效率，导致企业的战略发展、运转、决策等多个工作内容产生一定的偏差。

三、全面预算管理的实施策略

全面预算管理在企业中有着良好的应用，这需要加强对预算的编制，充分分析上年度的预算执行与当年核算能力，要确保预算的可行性。同时，全面预算管理中要加强对预算工作的控制与精细化的管理，鼓励企业预算工作人员积极参与，加强对预算管理的监督。

（一）加强对全面预算工作的控制

预算编制过程要能够结合企业上年度的预算执行情况以及本年度的核算能力，保证预算管理的可行性。同时，预算管理中要充分考虑企业的战略目标，加强预算与战略目标的联系，加强对预算工作的控制，完善预算前、预算中以及预算后的控制。

1. 事前控制

要将预算控制与企业日常审批活动相结合，在事情发生前，以审批制度为基础，严格审核各项财务预算和预算外的支出，要能够进行科学审核，控制好预算管理工作。

2. 事中控制

定期对预算执行情况进行检查与核实，及时统计预算的执行情况，并且对相关数据进行分析，加强控制。对于分析结果，要能够分析其中的原因，将预算执行情况告知相关部门，从而控制全面预算的执行情况，充分了解和控制预算的执行情况。

3. 事后控制

全面预算管理中，要加强事后的分析与考核，结合年度的预算执行情况进行分析和考核。

（二）加强全面预算的细化管理

企业在实施和运用全面预算管理时，要能够重视成本的预算，控制并且降低成本，发挥企业内部潜能，通过增加收入、减少成本、提升效率的管理，将预算工作精细化，明确预算管理的目标与责任，确保各项预算能够有效地实施，提升企业的各项效益，促进企业的发展。

（三）强化预算人员的参与意识

企业在实施全面预算管理时，要能够结合企业的战略目标和战略计划，加强内部的协调管理，突出预算管理的计划、组织、控制以及协调的效用。企业要能够结合预算管理的实际情况，鼓励预算人员以及相关人员参与到预算管理中，落实各项预算管理工作，促进预算管理的落实，提高预算执行的效率。全面预算涉及企业的业务部门、监督部门与管理部门，企业员工参与到预算制定、预算实施、预算控制以及预算监督各个环节，能够有效地提高全面预算的科学性与执行力度。

（四）加强预算管理的考核

预算管理工作的有效执行需要科学的监督和考核，预算管理的有效执行是预算管理的目标。科学的考核以及相应的奖惩机制是促进预算执行的基本保障，通过有效的考核与监督，能够落实预算管理工作。企业在实施预算管理时，要制定预算管理的考核内容，制定相匹配的奖惩机制。随后，将预算考核信息反馈给企业各部门，发现预算执行中存在的问题，纠正预算编制以及预算管理中的问题，完善全面预算管理的监督，更好地实行预算管理。

四、实现管理会计职能的策略

管理会计是运用一系列工具，为企业经营管理和决策提供信息的一种会计信息处理系统，它和全面预算的本质都是实现企业战略规划和经营目标。管理会计中的经营预测、标准成本法、作业成本法等内容也为全面预算管理的编制、控制和考核提供了具体的方法。因此，企业的全面预算管理水平如果得到提升，管理会计的职能作用将得到更大的发挥。

（一）提高预算编制的准确性

管理会计的计划和评价职能会通过预算编制过程得以实现，更好提供经营决策服务。健全完善企业预算的相关法规和规章制度，明确各级各部门预算编制的职责和责任，加强沟通协调，确保上下联动，调动广大职工的能动性，规范预算编制的方法和程序，以销售预测为起点，对生产收入、成本、费用及税金等指标进行预测，充分计算和严密论证，推行预算定额标准，增强预算编制数据的可靠性和准确性。

（二）确保预算目标合理分解

伴随着预算目标的逐级分解，管理会计亦可将企业管理指标一一具体化、精细化，将职责和权限落实至各部门和生产环节。企业预算目标必须层层分解到各部门、各业务线甚至落实到每个岗位，立下预算目标责任状，使企业上下都紧紧围绕预算目标各司其职。预算指标应该数据化、可计量并易于考核，对无法确认和考核的预算指标不予确认和分解。

（三）强化预算执行控制力

管理会计借助预算执行实现控制、沟通和协调职能。预算执行进度是考核管理业绩的重要依据，对比分析预算方案与执行情况，可以反映企业各方面的生产经营状况，方便管理者更有针对性地沟通协调各方生产要素。企业应该加强预算执行的宣传和培训工作，帮助各责任岗位了解预算执行的重要性，定期公示预算执行要求和进度，合理安排收入支出，完善预算执行考核制度，明确奖惩激励机制，避免全面预算流于形式，控制好预算执行进度。

（四）提高预算分析成果利用率

预算分析是指针对某一时期的生产经营能力，包括销售收入、成本费用及利润等情况，通过分析企业的财务状况和经营成果，以达到优化资源配置，实现企业经营目标。管理会计对预算分析的结果进行筛选加工，形成生产、销售、管理等各项工作报告，定期或不定期向企业决策层汇报，更好地履行管理会计的评价、报告职能。

五、管理会计与全面预算管理整合的策略分析

（一）整合运用会计管理工具

整合运用会计管理工具，实现工具利用的效率最大化，依据将预算管理目标当作预算指标的评价标准。在该过程中做到计划、规划、预算三位一体，才能有效达到理想的战略目标。比如运用会计管理中的作业成本法来对价值链进行管理，由于在企业运转经营过程中会产生很多的成本，有的经营生产过程成本较大，有的过程所需成本较小或者零成本，总体而言应当尽量降低企业在生产过程中的成本，在不影响企业工作效率和产品质量的基础上进行成本降低工作。利用作业成本法进行产品计算时，要将产品的研发、营销、生产、财务等过程进行整合，将这些过程围绕价值创造和价值增值进行会计管理工具的整合，降低预算管理风险，促进企业价值链的完整。

（二）健全全面预算管理体系

企业的全面预算管理体系应当不断进行调整和完善，很多企业设置的预算管理部门只是对一些管理目标进行简单的预算，而缺乏长期的战略目标，无法形成正确的战略导向。导致部门的预算与实际的实施过程脱节，不能有效运用管理会计开展全面预算管理工作。全面预算管理体系应当精简人员设置并扩大工作内容，将预算的各种编制、草案、协调工作、评价等过程紧密结合，进而不断健全全面管理体系，提高全面预算管理的工作效率。

（三）实现全面预算管理信息的公开透明化

在管理会计与全面预算管理信息的整合过程中，要保证与预算内容有关的各个过程涉及的信息公开透明化，企业要在业绩考核和激励模式的基础上对信息的公开进行一定的考核和奖惩，进而能够通过将各部门工作内容和进展情况公开，促进各部门之间的相互协调，推动企业利益的最大化。

综上所述，在科学技术不断飞速发展的今天，通过先进的会计工具有效提升管理会计的工作效率，将管理会计与全面预算管理工作有机地融合到一起，进而才能有效地弥补全面预算管理在实际工作中存在的缺陷与不足。管理会计工作可以有效地将与企业有关的各类信息、预算计划、企业运转等实际情况进行高效率的整合和分析，进而可以为全面预算管理提供真实有效的数据信息，企业可以在全面预算管理中通过这些信息来适当调整企业规划和战略走向，使得企业的管理会计与全面预算管理紧密结合起来，推动企业内部与外部的协调发展，为企业的发展方向提供强有力的战略支撑。

第十章　管理会计与绩效管理

随着近些年来我国经济的迅速发展，企业面临的市场竞争也日益激烈。而管理会计方法作为一种现代化的企业管理理论，对于现代企业的发展和生存显得越来越重要，因其可以显著地提高企业的管理效率。企业最重要的是人力资源，绩效考核在人力资源管理中起着关键作用，而绩效管理同时也是管理会计的重要环节之一，因此二者在应用中必须相互融合，做到管理会计和绩效融合共同发展。

第一节　管理会计与绩效管理概述

管理会计是由管理人员用于制定有关公司日常运营的决策的管理体系，它的一个显著特点是其并不基于过去的表现，而是基于当前和未来的趋势进行预测和管理的。作为现代企业管理的重要理论之一，管理会计的理论体系包含着丰富的内容。目前，企业最普遍使用的有全面预算、成本核算与控制、管理会计报告和分析、绩效评价这四类工具。其中，绩效管理指的是企业管理人员通过制定一定的考核目标，对于员工如何实现业绩目标做出一定的规定和限制，从而激励员工的主观能动性，帮助企业实现目标管理。

一、绩效管理的概念和目的

绩效管理的概念可以这样理解，就是个人与组织在一定的时期里，以完成特定的任务、实现特定的目标为基础，在这个基础上采取的方法、表现出的行为以及获得的成果都能作为体现绩效的考核内容。对于绩效概念的全面理解必然要同时考虑个人和组织两个层面，而且组织的绩效不是个体绩效的简单加减，而是一种系统性的加权。

绩效管理的最终目的是作为承载企业的使命和战略这样一个驱动器而存在的。企业在拥有良好战略的基础上，要将战略贯彻执行下去，不然它就只能像贴在办公室墙上的标语一样空洞。企业的战略目标贯彻到绩效管理体系中，将任务化整为零，把指标按照级别分解开来，最后扎实地落到每位员工身上。在这个视角下，通过绩效考核管理企业就是一个公司贯彻其战略目标不可或缺的“一步棋”。绩效管理的意义在于以下几个方面：一是统一目标。绩效管理将企业的经营目标和核心价值观通过绩效考核的方法传递给每一位员工，让员工真正了解自己作为“螺丝钉”所肩负的责任，这种责任是与企业战略保持一致的。如果忽视绩效管理,那么员工的工作很难与企业的愿景和战略相统一。二是发现短板。在绩效管理的完整过程中，对于员工能力在哪方面还有上升空间是能够让管理层一目了然的,而且企业管理层可以以此“查漏补缺”,有的放矢地进行员工能力培训。三是能力提高。绩效管理并不是仅仅作为人事劳资的一项依据而存在的，其真正的落脚点应当是发现问题后的“改善”环节。

二、管理会计基础上的绩效管理内涵

（一）对职工专业水平的要求

企业绩效管理的受众体是企业全体职工，同时管理会计下的绩效管理需求是企业整体效益的提升，因而绩效管理对企业职工提出了新要求，具体而言，包括以下三方面内容：一是加强对职工工作主体地位的发挥。这需要企业管理者关注职工工作积极性的发挥，通过多种奖励机制并存的绩效激励方法，促使企业职工绩效的有效提升，最终确保企业绩效管理效益的提升。二是增强信息技术的应用和优化。这需要企业管理者在管理会计与绩效管理的融合目标下，为降低成本、提高效益，通过信息技术的深度应用及内部优化，对企业职工岗位的分配实现因性而配的原则，即依据职工专业特性分配工作岗位，最终促使企业职工在实际岗位中的专业性能够切实体现。三是优化创新管理模式及方法。这需要企业管理者不仅要兼顾管理会计角度下的成本效益目标，同时还要兼顾绩效管理对方式、方法的创新要求，以确保职工工作积极性的调动，最终促使职工专业水平的稳步提升。

（二）对风险控制与管理的要求

无论是大型企业，还是中小企业，它们的发展过程中势必要面临各种风险，因此，基于管理会计视角下的绩效管理风险也是切实存在的。具体而言，企业管理会计视角下的绩效管理对风险控制与管理提出两方面的要求：一方面，注重信息技术的合理应用。部分企业存在“职工信息披露过度”的情况，这使得企业管理效率降低，所以，企业要通过职工心理接受程度调查、信息技术安全性调查等方式，为企业职工的个人隐私信息提供强有力的防护，确保企业绩效管理的信息风险不发生，最终促进企业良好形象的树立。另一方面，企业管理会计视角下的绩效管理需要具备透明性和公开性。这是防范道德风险的有效措施，同时也是企业风险控制与管理的重要组分。具体而言，防范道德风险要求企业绩效管理在流程中、评估中具备可观察性，也就是说，企业绩效管理流程应当是足够透明的，企业绩效评估审核过程应当是足够公正的。

（三）对绩效管理在管理会计中的融合要求

在管理视角下开展绩效管理工作，无疑是提高企业管理效率、提升企业总体绩效水平的举措，但是，如果不满足绩效管理在管理会计中的融合要求，那么其融合作用也是难以发挥的。具体而言，是对绩效管理的实施计划进行完善。这需要企业实现从“重视企业战略管理目标的达成”向“企业管理会计与绩效管理融合目标的达成”转变，使得企业绩效管理的实施方法、阶段规划、结果考核得到完善和细化，使其符合管理会计的要求，包括对财务数据与非财务数据的区分等要求，以寻求管理会计与绩效管理的深度融合，最终为提升企业核心竞争力而服务。比如，对绩效审核指标、绩效核算指标的完善，可以促进管理会计在增强自身成本控制作用的同时，还对企业绩效考核实现科学高效的管理，最终确保企业内职工、部门及总体效益的提升。

三、管理会计和绩效管理的关系

绩效管理一方面是管理会计的重要工具之一，另一方面，绩效管理作为一个独立的企业管理理念，经过多年的发展，已经成为企业管理理念的一部分，其本身包含着丰富的内容。

（一）绩效管理是管理会计发挥作用的前提

管理会计的一个重要特点是其管理需要企业全员的参与，企业全员都需要做管理会计的工作。在管理会计的带领下，管理会计师就如项目经理一般带着项目组（组员是公司全体人员）来完成管理会计业务。对于那些没有设立管理会计师岗位的企业，管理会计的职能通常由财务部门联合企业经理来担任，甚至对于一些规模较小的企业来说，管理会计完全等同于财务会计人员。在这种专业人才缺乏、管理会计无法做到企业全员参与的情况下，管理会计必须建立在绩效管理的基础之上，通过一定的激励手段，动员企业上下的工作人员自觉地参与到管理会计的工作中去。预算其实是企业资源配置的一种手段，通过预算管理的手段设立一定的目标，并结合一定的管理政策，激发员工完成目标的手段即为绩效管理。绩效管理与每位员工的利益相关，因此只有通过绩效管理才可以真正使管理会计的作用得到发挥。

（二）绩效评估指标的制定需利用管理会计工具

绩效评估是绩效管理最重要的一环，需要通过选取一些财务指标（例如企业产品的销售利润、投资回报率、EVA 等）或者非财务指标（企业的顾客数量、企业产品的质量等），对员工的工作做出评价。相比于非财务指标，财务指标往往可以得出一个确定的、客观的数值，从而从一个更加公平、公正的角度对绩效做出衡量。然而财务指标往往只能片面地从短期成果方面对于工作成果做出衡量，因此单独采取财务指标或者单独采取非财务指标都不是合理的衡量方式。综合性衡量指标可以帮助绩效管理人员制定一个科学的评判标准，对不同部门、不同员工的工作任务完成率、工作人员履行职责等做出评价，对其工作成果与效率做出评判，从而使企业内部管理更规范，有助于提升企业工作人员的工作效率，并最终提高企业的获得利润。对于企业的绩效评估体系构建来说，不论是财务指标还是非财务指标，都需要通过利用管理会计的工具制定。企业关注非财务指标可以让管理者树立长远意识，不急功近利。当然，如果非财务指标不能与财务指标相结合，那么经营决策就会缺乏客观的衡量标准，使得管理者不容易做出最佳决策。

第二节　管理会计与绩效管理融合

在现代企业不断创新转型和发展的过程中，众多企业开始探寻自身绩效管理的突破和提升，所谓绩效管理，包括两个内容：一是促进效益提升、成本降低的管理控制活动；二是促进部门和个人绩效提升的管理活动。前者是在管理会计领域下的界定，后者是在管理学领域下的界定。显而易见，前者对绩效管理的界定较为符合现代企业的可持续发展目标，所以，针对管理会计与绩效管理融合的相关探讨是尤为重要的。具体来说，管理会计应用于绩效管理，是通过具体的管理会计理念、方法，对绩效管理进行深化与应用，如通过预算管理、平衡计分卡、科学考核手段等，来整合其相关工作，从而达到企业管理水平的提升。

一、管理会计与绩效管理融合的必要性

（一）传统绩效管理评价体系的不足

财务指标在传统的绩效管理中有比较重要的地位，企业单位的传统绩效考评体系就是以其作为主要考量根据的，把目标任务量化分解落实在各项财务指标上，以实现绩效管理。传统绩效管理模式偏重预算的编制，把预算的编制作为对企业单位经营活动的主要控制手段。虽然说财务会计绩效管理形式能够直接反映企业的偿债能力、盈利能力以及经营成果，但是随着社会经济和理论实务的发展，传统的方式已不能完全满足现代企业绩效管理的需要了。

首先，传统的财务指标无法完全支撑企业全部实际情况。如果只依据单纯财务指标去评价企业的整体经营状况，那么得出的结论很大程度上是不准确的。在实际经营活动中，有一些指标如果仅仅依赖于财务数据作为衡量标准，那么会有比较强的片面性。一般来说大型企业有非常明显的多元化制约因素，在目前的市场环境下，任何变化都会给企业的成长发展带来比较严重的影响。所以如果只依靠财务数据来完成绩效管理，并且做出相应的绩效评价，那么很可能造成企业无法了解内部的实际情况和有效信息。

其次，传统的财务指标无法准确预测未来企业的发展状况。因为传统的财务指标只能衡量静态条件下的经营事项，但是缺乏对企业单位未来在市场竞争下会遭遇状态的预估。举例来说，在市场竞争中遇到相关的风险、机遇都没有办法进行准确预测。这样的一种绩效管理模式会造成对企业资产的使用监督不力。

（二）企业绩效管理理论实务发展的必然选择

在目前的市场经济条件下，我国不少企业通过转型升级获得了很多发展机会，在这一过程中，管理方式也呈现出精益化的特点。在精益理念的引导下，管理会计对于一家有雄

心壮志的企业来说极为关键。这种对企业未来经营活动前景的预测，在市场环境风云变幻的当下是必要的。绩效管理评价体系能够依赖于管理会计支撑，对领导、员工进行奖励、激励、约束、惩处乃至监督。特别是规模大的企业，由于其分支机构比较多，人员庞杂，这就导致绩效管理稍有不慎就可能使得制度空转，最后形同虚设。从这一点考虑，绩效管理仍然面临着相当大的难度。因此引入管理会计的理论方式，能拥有更为完美的员工激励机制。

（三）绩效管理和管理会计的融合是时代的要求

随着我国经济供给侧结构性改革的不断推进，企业发展已逐渐从追求规模扩张转变到追求发展质量和效益，企业在市场经济发展中面临越来越大的压力，要从中寻求机遇、获得发展空间和经济效益，也应当采取“花钱必问效，无效必问责”的全面预算绩效管理方法，通过精细化管理来对基层员工的工作进行约束和问责，调动企业员工自身能动性，从而降低企业的运营成本。另一方面，管理会计和绩效管理的融合有助于企业建立并完善风险防控机制，进而优化资源配置，提高企业运行效率。

二、管理会计和绩效管理融合所要达到的效果

（一）管理会计理论与实践的联系要更加紧密

管理会计在 20 世纪 80 年代就已经在国内开始应用，各学科的发展对管理会计的研究发展颇有意义。但管理会计对实践指导的可操作性仍然不强，这就对管理会计与绩效管理的融合有不小的影响。同时，管理会计计算量大、过程复杂，管理会计的专业性也就比较强，造成与绩效管理融合的难度。想要把管理会计与绩效管理更好地融合，就必须要调整管理会计的计算模式和程序，否则其在绩效管理的应用会受到极大的限制。

（二）管理会计在绩效管理指标的制定和应用中要更加灵活

企业在发展过程中往往会遇到一些挫折和困难，通过学习前沿理论和优秀经验，很多企业会运用绩效管理对企业的内部管理进行梳理和调整。有的企业预算管理实施过程中存在比较大的困难，势必导致企业中人、财、物等资源的浪费。这种情况在国有企业中较为常见，因为国有企业规模通常比较大，制度机制较为健全，但是人浮于事的现象比比皆是，在此情况下形成的预算无法体现有目标性的绩效管理。为了有针对性地兴利除弊，企业管理人可以把管理会计指标与绩效管理考评指标相融合。但是这种融合一定要考虑实际情形，无论是企业自身发展情况还是企业外部的市场环境和国家政策，都应当作为二者融合的主要依据。这就要求管理会计在绩效管理中的指标制定和应用要更加灵活。对国外企业的绩效管理体系不加以具体问题具体分析，一味“拿来主义”是不能解决企业现实发展困难的。同样，简单叠加管理会计和绩效管理的所有理论和工具，没有针对企业自身进行取舍选择，那么只会加重企业负担，而达不到预期效果。

例如，在金融企业中实行无预算计划的固定资产采购就会造成信贷资本的成本过高。因为过度采购所造成的资本浪费会从别的地方体现出来，这就使得衡量经济增加值时，看不到固定资产占用成本，而只能突出信贷资本成本过高，导致绩效管理失效。

三、管理会计与绩效管理融合的途径及方法

（一）创新和完善融合机制

伴随众多企业对自身管理方法的更新和应用，管理会计逐渐受到企业管理者的重视，特别是对企业绩效管理与管理会计的融合机制探索十分重视，具体而言，企业管理者可以从以下方面入手：

1. 实现融合方法的创新和拓展

这需要企业管理者从管理会计和绩效管理的流程和方法入手，分析其对接点，从而探索出绩效管理与管理会计高效融合的管理办法。比如，绩效管理中有平衡计分卡评估方法，它可以应用在绩效管理中，同时它也可以应用在管理会计中的固定资产管理。因此，平衡计分卡的应用可以提高企业职工对固定资产管理以及绩效提升的重视程度，使得职工充分认识管理会计与绩效管理的融合机制，最终确保企业管理效率的有效提升。

2. 完善融合机制下的审批和审核环节

这是指作为企业管理会计环节的组成部分，企业审批和审核环节需要对绩效管理提出更规范、更科学的要求。比如，管理会计对绩效管理的业绩评价实现审批环节的指标设计，包括业绩达标指标、业绩不达标指标等，以确保企业对绩效奖惩的明确和规范化处理，最终为提升企业综合效益而服务。

3. 搭建基于管理会计与绩效管理的后方管理平台

具体而言，绩效管理要从两方面入手，一方面重视绩效数据与经济业务的监督管理。这需要企业进一步完善管理会计信息系统基础上的后方监管平台，确保管理人员和普通职工共同受到平台监督，也就是说，企业管理者不得对职工个人隐私及合法权益造成损害。比如，后方监管平台要时刻监督管理人员趋利而为的篡改数据行为，确保其违规违章操作受到企业广大职工以及管理者的监督，最终为企业全员提供权益保障。另一方面设立专业化、专门化的管理会计与绩效数据的处理专员。这类数据处理人员要具备品质优良、立场坚定的特点，以确保企业职工管理会计与绩效数据安全不受侵犯，最终推动企业综合管理水平的提升。比如，任命诚信、企业意识强的管理会计人员处理管理会计与绩效数据，使企业职工的绩效呈现更为客观，最终保障企业职工权益不受侵犯。

4. 通过预算管理强化管理会计指导作用的应用

对于任何一个企业来说，预算编制都不是简单的事情。只有整个公司的部门相互联系和协调才能取得积极的成效。这也就说明，一个简单的预算编制和计划是需要业务部门会同财务部门共同来完成的，它需要二者持续不断地进行信息沟通和协调，从而实现二者整

合的目的。

（二）完善基于股权激励的融合机制

基于我国市场经济体制的日益完善，企业发展环境不再是一成不变的，这是由于混合所有制经济下存在诸多的内外部风险，比如政策变化风险、经济波动风险等，但是无论是何种风险，只要企业职工的工作积极性得到充分调动，那么企业扭转风险、提升效益也不会存在较大的难度。具体而言，企业可以通过完善基于股权激励的融合机制来提升绩效管理水平。一方面，在企业管理会计与绩效管理融合的背景下，需要达成效益提升的目标。因此，股权激励的应用可以消除企业内部约束，使得经营者和企业职工的效益考量站在同等高度上，最终激励企业全员为共同的利益目标而创造业绩。比如，企业长期战略目标的设计要与股权激励相结合。另一方面，需要增大绩效管理与股权激励的关联程度。这需要绩效评价进一步完善职工持股评价，促使职工持股评价与绩效考核相挂钩，使企业职工对企业股权的持有积极性增大，最终确保股权激励作用的有效发挥。比如，完善职工持股收益评价指标等。

（三）应用大数据技术

现在企业的外部发展环境变化性极强，特别是我国科创板的不断完善，使众多企业对高新技术的应用逐渐重视起来，如大数据技术被应用在企业各项管理环节中，具体来讲，包括管理会计视角与绩效管理视角的应用。就管理会计视角而言，企业要通过大数据技术提升管理会计工具的效率，同时对管理会计数据进行科学的分析及处理，最终有效发挥管理会计的规划、控制职能。就绩效管理视角而言，在大数据技术的作用下，管理会计与绩效数据的综合分析能够更加可靠和完整，包括职工学历、职工职称、职工专业等各项数据的分析，使企业决策管理所需的各项参考信息不缺失，同时促进企业对职工信息掌握程度的提升。也就是说，在充分掌握职工信息的基础上，企业管理会计与绩效管理的数据需求能够充分满足，从而促使企业管理者对职工表现及内部岗位需求实现深入的掌握和认识，继而促使企业完善对人员调配、人员激励环节的绩效管理办法，最终达成“人岗匹配”的企业管理目标。

（四）设计科学合理的绩效考核方法

作为绩效管理的重要内容，企业绩效考核方法亟待完善。具体而言，企业管理者要从三个方面完善绩效考核方法：一是确保绩效考核方法的科学性。这需要企业实际的审核办法、审核内容、审核目标及审核形式要适用于企业多数情况下的绩效考核，也就是说，绩效考核的全过程要具备极强的兼容性。比如，企业在扩张期的绩效考核指标与停滞期的绩效考核指标要存在不同，但是其基本参考标准不变。二是确保绩效考核方法的合理性。这需要企业的绩效管理方法适当地符合管理会计的部分原则。比如，符合成本性与可比性原则。就可比性原则而言，需要不同岗位的绩效考核具备可比性，不能因岗位的变化打乱指标的量化考核。就成本性原则而言，需要绩效考核努力达成“降低成本”的目标，通过绩效考核中的预算执行考核，达成会计处理的成本控制目标，最终确保企业运营成本的有效降低。三是加强绩效考核自身的成本控制。这是指管理会计视角下的绩效考核不仅要发挥管理控制和规划作用，同时还要尽可能减少已有绩效考核环节的成本投入。比如，物质奖励的绩效管理方法应当减少，以寻求管理成本的降低。

（五）建立考核评价体系

对于不同的领域、不同的行业，绩效考核评价体系所要专注的重点也应当相应偏移。工业企业需要以全面预算管理为侧重点和中心，把风险和价值链的分析作为重要的辅助绩效考评指标，而第三产业中各类服务行业则要以服务满意度等指标作为绩效管理的考评指标。另外，在金融行业中建立绩效考评体系时要精简，而且应当主要考虑经济增加值的作用，因为这项指标对企业利润、发展都是十分重大的，所以这类企业的平衡计分卡要以经济增加值为核心。

（六）建立管理会计系统

管理会计的基础是及时准确的数据，只有这一点做到了，才能把管理会计与绩效考评合二为一对企业、个人绩效进行评价。因此，建立管理会计系统是管理会计和绩效管理融合的必备条件，而只有管理会计系统高效运转，才能保证绩效考评不走向歧途。首先，要做到数据质量高，保证其可靠性；其次，是信息系统畅通，通过电脑、手机等平台的提醒，保证数据能够流转正常；最后，是提高处理效率，在数据不出错的前提下，高效处理数据为绩效考评提供数据支撑。

（七）重视管理会计专业性人才培养

无论做好哪项工作，用好哪项制度都离不开人的管理。所以企业要寻求的是对管理会计精通，能够熟练运用企业管理相关工具的人才，这一复合类型的人才引进是做好管理会计与绩效管理融合的关键。因为只有能够熟练掌握这两种管理工具才能够对二者融合的优劣做出专业的评判。一是要提高薪酬待遇、职工福利和以较好的职业前景吸引国内外的相关管理会计专业性人才。二是重视本单位财务会计员工的升级转型。因为本单位员工往往会更为熟悉企业实际情况，在了解熟悉的前提下，才能对如何考核员工、考核组织有明确的方向和意图。所以要为优秀的财务人员提供更为全面的学习机会，而不是只让其接触财务知识。

综上所述，管理会计与绩效管理的整合应用是现代企业探索发展契机的一种方式，同时也是提升企业发展可持续性的一种途径。基于此，企业管理者要依据企业自身的现实情况，通过创新融合机制、注重后方管理平台搭建、完善基于股权激励的融合机制等途径，寻求企业管理会计水平与绩效管理效益的同步提升，最终为推动企业稳步发展和壮大而服务。

第三节 管理会计与全面绩效管理

在新时期的财务管理工作当中，管理会计工作模式的应用价值逐渐凸显出来。从工作情况来看，管理会计模式符合企业的基本发展需求，可以结合内部管理工作对财务收支情况进行全面的管理。而全面绩效管理则是管理会计工作环节中的一个重要工具，对企业经济的可持续发展有着积极的促进作用。

一、全面绩效管理概述

在我国现有会计体系中，全面绩效管理是非常重要的一个模块，相较于传统以供应销售业绩评价为重点的绩效管理模式而言，全面绩效管理注重以成本及收益为导向。在企业中开展全面绩效管理活动，不仅可以提高管理会计工作效率，而且可以促进企业整体管理水平的提升。因此，对管理会计视角下全面绩效管理方式进行适当分析非常必要。

全面绩效管理主要指对公司目标与指标、岗位目标与指标、部门目标与指标的设定、细化、实施过程的管理。其可以实现目标管理到部门、绩效管理到个体，清晰、全面展示企业目标逐层落实到每一个工作岗位的过程。从根本上来说，管理会计视角下的绩效管理主要是在企业目标绩效管理内，加入成本、收益两个模块因素。其可以为企业各项利益者间关系协调运行提供良好的约束作用。

（一）开展全面绩效管理的基本原则和重要作用

1. 基本原则

全面绩效管理与传统的绩效管理工作不同，其关注的范围更广，管理方法也发生了一定的变化。基于此，在实际开展全面绩效管理工作时，企业必须要明确工作的基本原则，规范工作行为，研究如何发挥出管理工作的具体应用价值。

全面绩效管理必须要保证管理工作的全面性，这需要结合企业的项目运行实际情况从预算环节入手，结合项目流程进行全面的监督管理，以达到规范员工工作行为的目的。这样可以避免由于人为因素导致企业经济利益受损的问题。同时，绩效管理工作应当以公平性为基本原则，结合不同的工作部门设置不同的绩效考核方式，保证考核数据的真实性。这是在管理会计视角下，提高绩效管理工作质量和效率的关键所在，需要各个企业引起重视。

2. 重要作用

结合企业发展的实际情况来看，开展全面绩效管理工作可以充分考察出各个岗位员工的工作能力是否符合企业的发展需求。并能够结合具体的数据信息，有针对性地研究提高员工技术操作能力的可行措施，进而有效提升企业整体的工作水平。同时，目前市场的竞争十分激烈，创建完善的绩效管理体系可以为企业各项工作的稳定运行提供基础保障。而且，全面绩效工作属于我国管理会计体系建设的一个重要组成部分。现阶段，企业的财务管理工作都已经转变为管理会计模式，为了降低财务处理工作的难度，实现规范化的经营管理，就必须要积极开展全面绩效管理工作。

（二）管理会计视角下加强全面绩效管理的必要性

绩效管理是企业改革和转型的重要参考依据，唯有建立完善的绩效管理体系，企业才能在市场竞争中保持强劲的竞争力，不会轻易被竞争对手所打败，在市场上也能稳定立足。制定绩效考核标准，明确绩效考核目标，推行全面绩效管理，此举有利于企业发展战略的稳步落实，企业发展脚步将会走得更加稳健。具体而言，企业实行全面绩效管理的重要意义体现在以下几个方面：

首先，企业要想在激烈的市场竞争环境中生存下来就要做出科学的决策，管理会计最为根本的职能就是为企业决策提供参考依据，在该体系中全面绩效管理是不可或缺的一个环节，该项工作的实际效果将对企业和员工的发展产生巨大影响。企业必须要给予员工合适的奖励和薪酬，满足员工的物质和精神需求，才能提高员工的满意度，增强员工对企业的归属感，员工的工作积极性更高，他们为企业创造的价值也将是无法估量的。

其次，现如今越来越多的企业采用了目标管理模式，以目标为导向指导各项工作的开展，取得了良好的工作成效。全面绩效管理的运用将会显著提高企业管理水平，促使企业对自身的财务状况有清晰的把握，企业战略规划和目标管理达成了一致，制定的每项战略都可以有充裕的资金为后盾，各项业务活动的开展都更为高效，企业获得的利益十分可观，效益目标得以真正达成，有利于企业规模的进一步扩张和市场竞争力的不断增强。

最后，全面绩效管理的应用会对企业员工起到一定的激励作用，让员工看到他们的付出是有回报的，工作表现越突出，获得的报酬就会越丰厚，那么员工将会抛弃私心，精诚合作，争取为企业创造更多的效益。站在企业的角度来说，给予员工合适的报酬会让员工在岗位工作中争相表现，企业决策也能得到员工的积极响应，在企业发展的道路上将会有员工相伴同行，企业的发展前景将会不可限量。

二、优化全面绩效管理工作内容和形式的可行措施

基于全面绩效管理工作的重要性，在实际开展管理工作时，还应当结合现存的具体问题积极研究相应的优化解决方法，以便于推动企业的经济可持续发展。

（一）构建现代化的管理模式

我国已经进入大数据时代，在这个时代发展背景下，财务管理工作的数据信息成倍增加。传统的工作方式已经无法满足企业的发展需求，经常容易出现由于员工的工作马虎而导致数据记录错误的情况。这不仅会影响绩效管理工作的真实性，而且会对管理会计的基础数据整理工作产生不良影响。而财务数据通常是企业进行项目决策的决定性数据信息，

因此，数据记录错误就容易给企业造成严重的经济损失问题。

因此，这就要求企业应当积极开展现代化的管理工作，加大资金技术投入，积极引进信息化工作设备。通过建立信息化管理结构体系的方式，对财务数据进行自动化的收集和整理。并应当结合项目运行的实际情况、企业整体发展情况和市场经济管理制度变化情况，构建完善的财务管理工作体系，以此来提高全面绩效管理工作的整体水平和效率。这还需要企业对会计工作人员展开教育培训工作，让其意识到全面绩效管理工作的重要性，并通过集体培训的方式，提高其操作计算机设备开展数据处理工作的能力。这是新时期推动企业经济效益稳步运行的基础前提和重要保障。

（二）人员绩效管理的工作

全面绩效管理是基于管理会计视角下诞生的一种新型管理模式，旨在结合企业发展的整体目标与指标、部门目标与指标、岗位目标与指标的设定、分解、执行，进行全过程的优化管理工作。这就涉及对内部员工工作行为和工作态度的集中管理，这项工作应当与企业内部管控机制充分结合起来，以此来提高管理工作的实际效果。不过，新时期的人员管理工作更加注重通过人性化的设置来避免管理工作过于严苛，这能够提高员工对企业的满意度。首先，应当结合企业的长远发展目标，选择合适的项目运行方案，明确项目的工作流程和具体要求。其次，应当根据企业内部各个部门的基本工作职能，合理分配工作任务。采取责任监督机制，落实具体的工作责任，避免由于员工工作马虎而导致的经济损失问题。最后，企业还需要建立奖励机制，利用信息渠道，定期开展内部的绩效总结工作，对符合企业发展需求、工作积极认真的员工给予表扬和鼓励。还可以适当采取升职加薪的奖励，从而有效提高员工的工作积极性。

（三）经济收支管理的工作

基于管理会计视角下开展财务管理工作，主要是对企业经济收支情况的全程管理。从收入管理环节入手，也是全面绩效管理工作的重要一环。由于绩效管理工作需要对项目运行过程中的每个环节产生的财务数据进行严格的管理，因此，还需要建立科学的收益统计报表。同时，管理会计与传统的财务会计不同，其更注重对数据信息的分析和利用。这就要求会计人员在收益统计阶段应当结合收益上升和下降的实际情况，找到相关的因素。从中分析出项目运行过程中存在的不科学、不合理的地方，有针对性地优化工作方案。在这个环节中，还有一个注意事项需要遵守，就是在改进项目运行方案的时候，管理会计工作人员需要以非财务指标为基本要点，依据企业长短期经济发展的计划，借助网络技术，开展数据信息的挖掘、整合、评估等多项工作。

从支出环节来看，企业的管理重点就在于如何保障经济成本的使用价值方面。做好项目的预算工作，保证资金的合理利用。比如，在采购原材料时，应当分析市场的价格变动情况，科学选择材料的采购数量，并应当关注不同原料商的材料质量问题。这是保证产品质量，提高企业经济效益的关键环节。在这方面，目前比较常见的管理方法就是引入科学的管理模式，以收益为导向，明确每一岗位职责权限及工作流程，以提高企业全面绩效管理水平。

管理会计工作模式是新时期企业开展财务管理工作的主要形式，从内在联系上看，全面绩效管理工作是管理会计工具的一种。基于企业发展规模的不断扩大，新时期的管理工作任务量逐渐增加，给绩效管理工作增加了一定的难度。因此，在具体进行财务管理时，就应当积极应用信息技术手段建立网络管理平台，并从人员绩效管理和经济收入、支出管理等多个方面，规范全面绩效管理工作的流程，推动管理工作的顺利开展。

第十一章　信息化环境下财务会计与管理会计的融合

信息化环境下企业的财务会计与管理会计面临着发展机遇，财务管理部门是企业运作的核心单位，及时创新可以给企业的经济活动带来更多的资源，使得财务信息核算与共享更加具备科学性与有效性。财务管理内容的整合，在一定程度上推动着企业发展战略的执行，企业管理会计以及财务会计融合发展不仅维系着企业管理综合治理，还影响着企业的发展进程。因此，需要对信息化环境下企业管理会计与财务会计融合发展进行深层次的探讨。

第一节　财务会计与管理会计的联系与区别

财务会计与管理会计作为现代会计体系中两个重要部分，二者在相互配合的基础上相互补充，联系紧密的同时也存在很多区别。只有正确认识并充分发挥财务会计与管理会计的具体职能使命，才能更好地帮助企业做出正确的经营决策，提高企业的经济效益。

一、财务会计与管理会计的联系

管理会计与财务会计同为现代企业会计的有机组成部分，它们之间的联系主要表现在以下几个方面：

（一）管理会计与财务会计的原始资料同源

管理会计所需要的许多资料都来源于财务会计，如成本资料、盈利情况、现金流量状况等，它的主要工作内容是对财务会计信息进行深加工和再利用，去粗取精、分析比较、预测决策。所以，管理会计和财务会计的信息取自同一来源，二者提供的报表共同组成企业会计报表。

（二）管理会计与财务会计的核算对象一致

管理会计与财务会计的核算对象都是企业的经营资金运动，只是侧重点不同。财务会计的核算对象在时间上侧重于企业过去的经营资金运动，在空间上侧重于企业全局性的经营活动；而管理会计的核算对象在时间上是企业现在和未来的经营资金运动，在空间上侧重于企业局部的或特定的经营活动。

（三）管理会计与财务会计的服务范围交叉

虽然管理会计侧重于为企业内部经营管理提供服务，但管理会计的信息有时也为企业外部利益集团提供服务；同样，财务会计虽然侧重于对外提供信息服务，但财务会计信息对企业内部决策的影响也是至关重要的。财务会计提供的许多重要财务成本指标，如资金、成本、利润等，企业的管理者特别是高层管理者需要；而管理会计提供的许多重要经济信息，企业外部的投资者、债权人同样需要。财务会计有时把一些原属于管理会计的内部报表对外公开发表；而管理会计有时把一些企业内部管理的资料数据（如实际成本与标准成本、实际利润与目标利润的对比数）作为财务报表的补充资料对外公开。

（四）管理会计与财务会计的最终目标相同

财务会计为企业外部的投资者、债权人等如实了解企业的财务状况和经营成果提供咨询服务；而管理会计则为企业内部的管理者、决策者有效组织经营提供咨询服务。可见，二者的目标不是对立而是相同，都是为企业的有关方面提供参谋、咨询服务。管理会计与财务会计共同服务于企业经济管理，最终目的都是提高企业经济效益，实现企业价值最大化。

二、管理会计与财务会计的区别

管理会计与财务会计是两个相对独立的子系统，虽然联系密切，但其区别也很明显，主要表现为以下几点：

（一）核算对象不同

财务会计以企业生产经营活动的全过程为核算对象，包括各项经济活动的一切财务成本数据，用以反映企业的财务状况和经营成果。财务会计侧重于对外服务，是“对外报告会计”。

管理会计既可以将生产经营活动的全过程作为核算对象，也可以将某一个具体方面作为核算对象。例如，它可以对一年生产经营目标展开预测和决策，也可以针对某一零件是自制还是外购展开决策。同时，它既可以将整个企业作为核算对象，也可以将车间、部门、班组甚至责任人作为核算对象，考虑整个企业的各项决策与计划之间的协调配合和综合平衡。管理会计侧重于为内部管理服务，是“对内报告会计”。

（二）具体职能目标不同

财务会计反映经营情况，记录、整理、汇总和解释各项经济业务的数据，并通过定期编制财务报表，提供一定时点的财务状况及一定期间的经营成果和资金流动情况的财务信息，为企业外部经济利益团体或个人服务。财务会计履行核算、报告企业经营成果和财务状况的职能，属于“报账型会计”。

管理会计参与企业预测和决策，计划和控制日常经济业务，运用灵活多样的专门方法和技术，并通过不定期编制各种管理报表提供有效经营和最优管理决策的有用信息，为企业内部各级管理人员服务。管理会计主要履行预测、决策、规划、控制和考核的职能，属于“经营管理型会计”。

（三）约束条件不同

财务会计必须遵守国家统颁布的《企业会计准则》和《企业会计制度》。管理会计不受《企业会计准则》和《企业会计制度》的制约，只为满足管理人员的需要。管理当局需要什么数据就计算什么数据，依据管理人员的需要做出可行性分析。

（四）核算程序不同

财务会计按固定、完整的会计核算程序处理日常经营事项，其凭证、账、报表均有规定格式。管理会计不受固定、完整的会计核算程序的制约，没有诸如从凭证到账簿再到报表以及按规定的内容、格式、期限编制财务报表之类的严格要求，而完全取决于企业本身未来生产经营的实际需要，由管理人员自行设计报表等。

（五）核算方法不同

财务会计在同一时期内，要求核算方法保持一致，必须用统一的货币计量单位核算有关财务指标的增减变动情况，从而保证会计核算资料的正确、完整、可靠。财务会计的计算比较简单，只需应用简单的数学计算方法和原始的计算工具。

管理会计在同一时期内并不拘泥于以单一的货币形式来提供完整、连续、系统的会计资料，而是可以用多种方式、多种方法，对多种资料进行加工整理，以提出多种可选方案。管理会计的计算多采用复杂的数学方法、数理统计和计算机技术等，建立数学模型进行定量分析。

（六）核算重点不同

财务会计主要是面向过去，单纯提供历史信息和解释信息。管理会计主要是面向未来，不仅要反映过去，还要能动地利用财务会计信息及其他有关资料，预测前景，参与决策，规划未来和控制现在。

（七）信息精确度不同

财务会计核算要求及时、相关和真实，力求数字的绝对精确与平衡。管理会计核算要求及时、相关，计算数字不要求百分之百的精确，一般只要求计算近似值就可以了。

（八）核算信息特征不同

财务会计提供连续的、系统的、综合的财务成本信息，基本财务报表对外公开发表，具有法律效力，承担法律责任。管理会计提供有选择的、部分的或特定的管理信息，业绩报告一般不对外公开发表，不具有法律效力，也不承担法律责任。

（九）核算行为影响不同

财务会计主要关心如何计量和传输财务成本信息，一般不重视管理人员的行为影响。管理会计最关心计量结果和业绩报告将如何影响管理人员的日常行为，并设法调动他们的积极性。

（十）核算时间不同

财务会计一般是定期进行成本计算，定期编制各种报表，时效性很强，很少有弹性。管理会计不受固定时间的限制，完全根据管理的需要，可能每隔几小时，也可能长达数年才进行成本计算和编制报表，有较大的弹性。

管理会计与财务会计的主要区别如表 11-1 所示。

表 11-1　管理会计与财务会计的区别

区别	管理会计	财务会计
报告使用者	企业内部各级管理人员	主要为投资者、债权人、政府机构以及其他外部使用者
报告内容	着重评价过去、控制现在、预测未来	着重反映已经发生或完成的经济业务事项，提供历史报告
报告对象	企业整个经营活动的全过程，或某一具体方面如车间、部门、小组等责任单位	企业经营活动全过程
报告依据	服从于管理人员对企业管理的需要	《企业会计准则》和《企业会计制度》
报告要求	数据不要求绝对准确，但必须有用	数据力求准确、相关，能够被验证
核算程序	不固定，可自由选择	固定且带有强制性
计量单位	货币单位及其他计量单位	主要为货币单位
核算方法	会计方法及其他方法	会计方法
编报时间	根据需要编制	定期编制
报告责任	不是正式报告，不具法律效力	正式对外报告，具有法律效力

第二节　信息化环境下财务会计与管理会计融合的基础

在企业普遍实行的会计工作制度中，财务会计负责具体财务数据管理和审计，而管理会计主要负责帮助企业管理者监管经济资源的流向与调节分配使之达到均衡状态。管理会计的工作具备一定的指导性与统合性，是企业财务管理的重要部分，对企业的各项经济活动起着非常关键的规划作用。财务管理制度的现代化革新趋势推动了企业内部管理会计制度的建立与升级，将其与财务会计制度进行配合，能够提高会计工作的稳定性，简化工作程序和企业决策流程。为适应管理的需要，进一步发挥财务部门的管理职能，财务会计与管理会计的融合具有重要意义。

一、财务会计与管理会计融合的可行性和原则

（一）财务会计与管理会计融合的可行性

会计体系以财务会计的财务报告为主，其使用者除了企业内部的管理者外，主要是企业的外部相关利益主体（如投资方、债权人）以及政府部门（如税务局）等。因此，必须要遵守统一的会计准则或法规，并由专业机构和人员进行公正性审计。由于受到会计准则或法规的制约和限制，所以有些时候无法客观全面地反映公司经营情况及细节。

管理会计要根据管理的需要对财务报告进行适当的加工、分组、计算、对比，并参与分析修订经营计划，为企业的经营决策提供依据。管理会计成果应用是广泛的，然而，管理会计在中国的发展还处于初级阶段。目前，管理会计在企业中还没有得到足够的重视，致使管理会计发展远远不能适应现代知识经济发展的需要。因此，必须寻找一套适合中国国情的会计发展体系，即财务会计与管理会计相互融合、共同发展的会计体系，这将对中国经济的发展有重大的意义。

首先，社会经济条件的变化为财务会计与管理会计的融合提供了环境支持。随着知识经济的发展，财务会计单一的核算模式与理论基础已经不能适应国际竞争的需要。传统的成本计价、权责发生制原则等计量确认基础也已经面临挑战。财务会计信息与管理会计信息更多地突破了彼此之间的界限，共同向二者的企业管理目标靠拢。

其次，在新的经济条件下，计算机信息技术为财务会计与管理会计的融合提供了技术支持。一方面，会计电算化的普遍实行，企业的会计处理基本上实现计算机操作，企业的会计人员可以从复杂的记账、抄账工作中脱身出来进行分析、预测、控制等工作，从而能对企业决策提供更加及时有效的信息。另一方面，网络的发达使得投资者、经营管理者可以高效地搜寻所需信息。

（二）财务会计与管理会计融合的原则

1. 循序渐进

目前在内容和形式上，财务会计与管理会计存在较大的差异，所以企业财务会计与管理会计一般不会在短时间内全面融合。与此同时，财务会计与管理会计在融合期间要有相应空间，以此降低矛盾与冲突问题的产生，保证财务会计和管理会计可顺利稳定地进行融合。本质上此种融合方式应遵循循序渐进的原则，应保证财务会计与管理会计融合的稳定性，使企业财务管理工作健康、平稳运作。

2. 优势互补

在现有的企业财务会计和管理会计融合期间，二者即便在本质层面都归属会计范畴，然而在具体操作中，二者存在一定的不同，所以企业管理者要充分了解二者之间的相同点

和不同点，通过各自优势加以互补，强化财务管理和会计管理互补性，以高效的方式确保财务管理功能最大化发挥出来，使其最终作用体现在综合效益的增长上。

二、财务会计与管理会计融合的意义

（一）有助于保证会计信息准确性

在当前新形势的环境下，企业和企业之间的竞争更加激烈，一个企业要想长久地生存与发展，就要形成多维评价指标，用以综合研究与评价公司内部财务预算以及非财务信息，以便改善财务经营。在企业运作期间，一些企业模糊了二者之间的关系，在工作内容层面上表现出交叉性。现阶段在实际操作中，体现出管理会计与财务会计互相分割的现象，难以确保二者之间信息及时共享，其结果会降低企业信息共享的有效性，增加企业信息对称研究的难度，降低企业信息分析的准确性，无法有效评价企业经营管理的效率。因此，应以增强企业会计信息流动为目标，把管理会计和财务会计有机结合起来，通过特定的方式与手段完善会计信息素材。在企业管理过程中，可以得到各个层面的信息数据，以适应企业竞争中会计信息共享的具体需求，由于管理会计不会过多地受到会计体系的制约，能够体现自身预测特征，所以把财务会计和管理会计结合起来，会拓展企业会计以往的研究功能，便于增强企业财务指标与非财务信息的准确性。

（二）提升会计信息质量

会计信息质量很大程度上决定了会计工作的总体水平。在企业推进财务会计与管理会计融合的过程中，会计工作的侧重点将得到较为一致的处理，不同领域会计工作的利益诉求可以得到更高水平的明确，为企业会计工作价值的更好开发提供帮助。从当前企业会计工作的运行经验来看，外部利益是财务会计人员更加关注的问题，而内部利益则是管理会计工作的重点。在推进财务会计与管理会计融合的过程中，会计信息将会在相同利益的驱使之下更好地适应外部信息应用主体的需求，为会计信息总体应用质量的优化提供帮助。在推进财务会计与管理会计融合的过程中，针对企业的内部决策需求进行高价值信息资源的应用，为会计信息质量的进一步改进提供有力支持。

（三）有助于强化企业核心竞争力

现阶段企业管理会计与财务会计存在割裂的情况，难以全面帮助企业降低运行成本，会计工作量出现重叠的情况较大程度上降低了信息分析的质量，增加了企业运行成本。企业内部之间的信息共享能够降低企业管理成本。融合财务以及非财务信息，控制管理决策出现失误，降低管理成本投入，能够凸显会计信息的价值。对于信息获取，管理会计和财务会计的融合可以进一步促进企业各个组织的合作沟通，精简人数，更好地降低企业管理成本。

（四）便于对传统产业结构进行转型

我国经济发展比较迅速，产业结构不断优化，以往的资源优势以及劳动力优势发展模式不再存在，即创新驱动发展成为主流，经济发展从以往的劳动密型转变为创新技术模式，管理会计与财务会计的融合是产业结构转型的重点途径。与此同时，二者的融合成为内部管理质量提升的需求，大多数的企业中人员分工相对明确，部分企业更新集权组织结构，把各个责任中心工作的落实当作企业发展核心。仅通过企业财务披露信息数据，管理者不能全方位地意识到企业管理问题，因此要通过管理会计，对企业责任工作进行明确，包含集资工作与投资工作，最大化减小企业运作风险，由此管理会计与财务会计的融合，使企业资金运作更加具备安全性与可靠性。

三、财务会计与管理会计融合的不利因素

管理会计与财务会计体系进行对接与融合是在时代发展潮流影响下财务管理系统的必然演进方向，然而现阶段企业内部依旧存在着很多不利于二者融合发展的主客观因素。

（一）财务人员专业水平有限

企业普遍缺少能力足够的优秀财务工作者，部分在职会计对新兴的管理会计制度没有任何了解，造成个别单位进行财会系统革新后负责完成管理会计工作的财会人员依旧固守原有的财务会计工作准则与思想，未能采用商业化的逻辑分析各类财会数据背后的价值与真实意义，这种思想落后的财会人员无法做好管理会计体系中最重要的成本分析与成本预算工作，也无法为管理层提供具备较强超前性和针对性的数据分析报告。

（二）数据的流动性受限

国内企业的数据资源流动性不高，财会系统中不同部门使用不同的数据核算标准与信息平台，各机构的信息管理规范很难做到全面统一。管理会计系统经常因得不到必要的数据而停止正常运转，财务会计作为企业财务信息的最终出口，无法保证其上报信息的完整性和精准性，并且财务会计的核算工作对工作程序的要求较高，其处理的信息多为过去企业经济活动的财务数据，在财会数据的时间特性上与管理会计完全不同。

（三）项目评价考核标准不一致

对于某一投资项目而言，财务会计更多地关注资金成本及资金收益方面的信息，而管理会计除了对资金方面的关注，同时也注重项目的成本和收益，以及另外一些有利于企业整体决策或者影响企业决策的外部因素。这种差异体现在企业应以什么样的眼光看待投资项目的问题上面，这种评价考核标准的不一致必然影响项目优先决策的制定和实施。

（四）计量基础和确认标准的差异

财务会计与管理会计在服务对象上存在的差异使二者对基础数据的计量基础不一致。财务会计与管理会计在核算目标上的区别使二者在确认基础上存在差异。这些差异严重阻

碍了财务会计与管理会计融合的有效实施。只有通过各种衔接模型的建设，克服二者之间衔接存在的问题，才能够保障中国会计体系的进一步完善。

四、信息化环境下财务会计与管理会计融合的机遇

（一）信息技术可以提升财务数据的处理效率

现代信息技术融入企业的经营管理中能够促进财务信息化管理的实现。企业的财务管理工作每天会产生大量的数据信息，处理起来比较烦琐，应用信息技术可以使数据处理工作更加便捷。因为企业实现财务信息化管理之后，就可以运用财务软件来处理繁杂的财务数据，这样既能够保证数据信息的准确度，又能够很大程度上提高工作的效率，减轻传统财务会计工作的数据处理负担，增强财务人员处理财务数据的能力。另外，财务信息化也会相应提高对企业的财务管理能力、数据信息分析能力和数据应用能力等方面的要求，只有企业关于财务管理方面的能力水平都得到提升之后，才能更好地实现财务会计和管理会计的融合。

（二）信息化平台让财务信息的传递速度更快

运用信息技术可以搭建起一个财务信息平台，主要用来搜集、整合、处理和传递财务信息。信息平台能够让财务信息的传递更加便捷高效，节约时间成本。另外，在构建财务信息平台的同时，企业的管理系统以及财务信息系统都相应地有所改变，完成了企业财务和企业管理一体化的目标，进而使财务信息、企业经营风险信息以及经济业务的活动实现统一化管理，提高了财务部门、管理部门以及业务部门三者之间的信息传递效率，加快企业在面临激烈的市场竞争时的反应速度。

第三节　信息化环境下财务会计与管理会计融合的措施

随着信息化时代的到来，信息技术已经逐步渗透到各个行业领域中。信息技术的应用可以显著提高工作效率，更准确地处理数据信息。现在，企业的财务管理工作也要随着社会管理改革的升级而进行转型和创新发展。财务会计以及管理会计都是企业财务管理工作的重要组成部分，应采取合理措施尽快完成财务会计与管理会计的融合发展，从而促进企业实现财务管理工作改革的目标。

一、财务会计与管理会计融合发展的建议

（一）提高原始信息的质量

要做到财务会计与管理会计的有效融合，必须从财务会计与管理会计的原始信息收集

过程着手，明确需要收集、报送的数据范围和确定数据收集与报送的时间及期限，统一报表软件，通过网络通信技术和在线数据收集技术，及时采集并传递这些数据信息，各种数据和指标的确定标准至关重要，对每个数据和指标都要明确其含义并统一其构成，制定财务会计与管理会计都可以应用的确认标准，要尽可能详细、确切，使各项数据指标有绝对的可信赖性。尽可能采用相对指标数据，使各项数据指标具有可比性。

（二）创新现行财务报告模式

以资产负债表、损益表、现金流量表为主体内容的财务报告体系，在相当长时期内满足了社会要求企业真实公允地披露会计信息的需要，但随着会计环境的变化，这些已经不能满足会计信息使用者的需求了，甚至阻碍了财务会计与管理会计融合的趋势。因此，要做到财务会计与管理会计的有效融合必须对现行报表体系进行创新，使其有利于管理者从中得到更多、更准确的信息。

（三）运用网络信息技术加强融合

计算机和网络通信技术的飞速发展及其在企业中的广泛应用，为财务会计与管理会计的融合提供了技术支持。不仅极大地提高了信息处理效率，而且大大降低了信息处理成本。知识经济时代，借助于计算机等信息技术与网络技术的不断发展和广泛应用，会计的管理职能得以充分发挥，财务会计与管理会计将融合成为一个集事前预测决策、事中控制、事后分析评价在内的全面核算与全程管理有机结合的管理核算型会计系统。在企业管理信息系统中，管理会计和财务会计的信息库已经融为一体。二者在逻辑上紧密联合，在实务中共同协作，充分发挥会计在企业管理信息系统中的作用。

（四）提高财务人员的素质和专业能力

企业要重视财务人员，加强对财务人员的培养，促进财务会计和管理会计的有效融合。首先企业要积极引进财务人才，在人才招聘和任用环节加强管理，招聘的财务人员要具备符合专业要求的学历、技能和专业经验，有相应岗位的资格证书；其次定期对财务人员进行培训，组织财务人员进行系统学习，在夯实财务会计业务的同时加大对管理会计知识体系的培训和学习，使财务会计掌握管理会计工具，逐步实现财务人员的转型，更好地实现管理会计和财务会计的融合，从而进一步提升财务人员的业务能力和管理水平。

（五）提升企业会计工作制度设计水平

企业财务会计和管理会计的融合，需要通过会计制度体系来有效落实，会计制度体系建设也是企业开展会计工作的基础，同时也是二者融合必须要考虑和解决的问题。在处理会计制度设计的具体工作过程中，一定要加强对财务信息分析工作的关注，并对影响财务信息分析规范性的因素进行总结，使会计融合工作在推进过程中的指导性需求可以得到明确，为制度的改革优化提供有利条件。在进行具体的企业会计制度建设过程中，一定要对企业日常经营活动的各方面需求进行总结，尤其要对企业会计制度制定和实施的基础条件进行考察优化，使财务会计与管理会计融合策略的实施可以在明确会计工作基本运行条件的情况下进行工作调整，以此实现对会计工作制度改革经验的积累。另外，还要加强对企业会计制度设计质量的考察分析，尤其要对影响会计融合相关战略实施质量的因素进行考察，使会计制度的构建可以全面地按照会计融合战略的执行特点进行创新优化，为企业会计制度总体应用质量的改进提供更加完善的支持。

对于企业来说，要完善会计制度体系需要按照一定的流程进行，企业需要梳理和评估自身在市场经营中面临的环境及企业内部运营状况并根据评估结果制定有针对性的运行方案；同时，将财务管理和会计管理有机地结合起来，加强二者之间的联系，构建一个完善的制度体系。在此基础上，再构建一套企业会计监督机制，通过监督机制能够有效地监管企业的财务会计和管理会计，从而保障企业财务管理工作的效率和质量，进一步促进财务会计和管理会计的有效结合。

企业管理层应做好宏观上的制度性革新规划，为财务会计和管理会计的融合创造一定的有利客观条件，选择正确的融合方向与途径，以此减少企业财务风险，克服阻碍财会系统深度调整的限制因素，在财务会计和管理会计有效融合的基础上达成制度改良，使未来的企业管理工作能够获取更可靠的财务信息，为企业决策提供更有利的依据。

二、“互联网 +”背景下财务会计与管理会计融合路径

（一）“互联网 +”为二者融合创设了良好的条件与基础

简单地说，“互联网 +”就是“互联网 + 各个传统行业”，但是这并不意味着仅仅是互联网和各个行业的简单相加，而是在综合利用通信信息技术和互联网平台的基础上实现传统行业的互联网化，创造一种新的生态。“互联网 +”是一种全新的社会形态，能够在资源配置和优化中发挥强大的融合作用，是提升创新力、生产力的直接途径。在信息技术、计算机技术和网络技术迅猛发展的时代背景下，“互联网 +”已经成为现代经济社会发展不可或缺的一个重要元素。在互联网技术的支持之下，计算机系统和云系统广泛应用，企业经营和发展有了强大的技术支持和平台支撑，一方面使得企业能够更快捷高效地收集与企业生产经营相关的多种信息，做到信息即时共享和沟通；另一方面则帮助企业实现了信息系统的快速更新换代，使企业管理者、信息系统使用者能够在更加人性化、更强大的平台上进行线上沟通。从会计工作本身的内容和工作方法来看，“互联网 +”无疑是为其创造了绝佳的工作环境和工作条件。

首先，“互联网 +”为企业提供了良好的信息共享机会，使会计工作效率的提升获得了足够的技术支持。“互联网 +”与会计工作的融合使企业财务部门不再埋头于大量的文件资料整理事务性工作和会计报表编制工作之中，方便企业管理者和会计信息使用者在更高效、更完善的信息维度上开展会计工作，为会计系统发挥决策支持作用奠定良好的基础。

其次，“互联网 +”便于企业与政府之间建立信息互联互通机制，进而及时地整改和

完善会计工作，了解政府最新政策。如此一来，企业可以通过互联网借助政府政策的推动力来实现自身长远发展。

再次，“互联网 +”能够为会计服务打破地域界限。功能完善，匹配性高的企业内部信息交流平台能够帮助企业打破数据交流的地域限制，“互联网 +”时代背景使企业会计工作能够获得更加强大的信息支持，整个企业上下的会计信息得以快速整合和完善。

（二）“互联网 +”背景下二者融合路径选择

管理会计在企业的生产经营和发展历程之中起到一种综合性的管理作用，是一种在会计核算过程中进行协调和控制的过程。财务会计工作更加倾向于财务核算，在管理和控制方面所做的工作比较少。管理会计和财务会计在工作内容上有着本质上的差别，但是同属于会计工作体系之中的内容，在核算数据和核算内容上大体一致，并且都是为企业的经营和发展服务的。在“互联网 +”时代背景下，需要对管理会计与财务会计融合的路径进行深入探索。

1. 进行数据层面融合

“互联网 +”是一种建立在计算机工作机制上的崭新概念，其所牵涉的最主要的内容就是数据。计算机系统本身就是对海量数据信息进行自动化处理和分析的过程，并根据输入的模型和数据输出相应的结果。通常情况下计算机系统应当包含内部数据库和外部数据源两种数据来源形式。管理会计和财务会计的数据源是相同的，具有一致性和共同性，因此能够避免因为数据源的差异而造成的会计系统的混乱性。与此同时，企业在设计计算机系统的时候要具备明确性和目的性，让管理会计人员明确自己对数据进行相应处理之后得到的结果和实现的目的。企业在进行内部数据库的建立时应当将“互联网 +”技术贯穿到管理会计、财务会计的数据来源中，实现分类管理、分享管理，通过提升数据的丰富性和多元性使系统能够在拓展信息的同时实现管理会计、财务会计的融合，避免数据的融入、数据的繁杂以及多余的流程。数据层面的融合最终要落到管理会计信息系统之中才能起到作用，需要采取一致的、综合的数据库规划方式，为管理会计和财务会计的数据融合奠定良好的基础，并将之渐渐地拓展到企业管理的各个层面之中。

2. 进行流程层面融合

从“互联网 +”的性质来看，数据融合仅仅是管理会计与财务会计融合的起步阶段，管理会计与财务会计的进一步融合需要建立在工作数据流程层面的融合上。管理会计主要遵循制定战略、目标分解、任务执行、结果分析与考核等工作流程；财务会计则是对会计信息进行确认、记录、处理并最终形成财务报告的工作过程。从纵向上来看，管理会计和财务会计在管理模式上可覆盖融合支出，实现流程层面的融合。在设计会计系统的过程中，财务会计工作系统之中的数据要和企业生产经营实际的业务数据相连接，提升会计核算和确认计量结果的真实性和可靠性，从而使企业经营决策有更加精准的依据和支撑，为管理会计工作发挥作用奠定良好的基础。“互联网 +”技术是千变万化的，管理会计与财务会计的融合是大势所趋，二者的融合一方面可以简化会计工作流程，另一方面则可以提升信息共享程度，打破传统企业管理之中单一管理模式的问题，使企业能够在更加丰富和多元的信息维度下应对市场风险。企业管理系统改进的重点在于从流程层面进行管理会计与财务会计的融合，这是一种将企业发展性和盈利性有机整合到一起的最佳路径。

3. 进行报表层面融合

财务报表可以精准地反映出企业在某一时期的经营成果和某一特定时点的财务状况，是企业制定生产经营计划的直接依据，对企业的意义不言自明。“互联网+”背景下，管理会计与财务会计融合最为关键也是最后的一步就是实现报表层面的融合和协调。一方面，管理会计与财务会计财务报表融合能够有效地规避利益相关者的恶性操纵情况，让更多的企业运营因素在财务报表之中得到充分体现，减少传统会计系统中管理会计与财务会计脱节、矛盾的可能性；另一方面，要积极地开展互联网平台线上实践活动，在会计信息披露中更多地披露非财务信息和非量化信息，使企业能够在激烈的市场竞争中获得更多的、与企业发展关联密切的外部信息，提升信息维度，推动会计信息和会计管理方式健全发展。

对于现代企业和现代社会来说会计工作是至关重要的组成部分，管理会计和财务会计作为会计的两大分支，在“互联网+”时代背景下，必然要走上相互融合的道路。企业对此要有充足意识和积极的行动，尽快地借助“互联网+”建立平台优势，结合自身情况制定发展规划和管理会计与财务会计融合的路径，建立健全的会计管理系统，从数据、流程、报表等多个层面来实现财务会计与管理会计的融合，为企业会计工作奠定良好的基础和框架，减少会计工作中的资源浪费，提升会计信息的真实性和准确性，让“互联网+”技术能够与会计工作实现更深的融合，推动企业的快速发展。

三、大数据背景下财务会计与管理会计融合措施

（一）促进企业内部会计工作职能的相应转变

大数据、云计算背景下，现代信息化技术为会计核算效率的提升提供了有力的技术保障，促使企业传统的财务工作方式及职能也随之发生转变。信息化背景下，财务会计不仅要具备传统的做账以及支付等职能，还需要通过对企业的信息资源进行有效梳理后实施预算管理、绩效考核、成本分析等工作，这就要求企业必须加快实现财务会计与管理会计职能的融合步伐，财会人员在做好本职工作的同时参与到企业各项财务工作的战略规划中，以发挥财务部门的决策支持作用。例如，天津某节能材料公司在天津汉沽和河北邢台各设置加工基地一处，在两地分别设置了财务会计，由于财会人员未能通过日常的财务报表等为企业的运营提供必要的决策分析，导致企业投资失败，资金链断裂，一度出现停工停产现象。对此，公司董事会及时引入管理会计工作机制，由管理会计对企业生产成本的属性进行必要的归纳与分析，将企业的日常生产成本划分为相应的固定成本与变动成本两个模块，并在此基础上开展成本预测工作，通过变动成本核算和本量利分析，完成企业的生产

成本预算等工作。由于明确了企业未来投资的方向与发展趋势，当年便扭亏为盈，企业也逐渐步入良性发展。

（二）有效提升财务人员自身工作能力

大数据、云计算背景下，企业财务人员要合理借助信息化工具的高效性与便捷性完成财务会计与管理会计工作机制的有效融合，就必须及时改变传统的思维模式，通过增强数据信息分析处理的方式不断提升自身的预测、财务分析、财务决策、投资决策、财务计划管理等能力；增强大局意识和全局观，拓展财务视野，通过切实有效的资源共享机制大幅降低企业内部的生产成本，从而推动企业生产效率的提升。在大数据、云计算背景下，数字化技术的不断完善可以进一步加快财务会计与管理会计融合的实施步伐，并借此提升企业的市场竞争力。

（三）利用信息化平台构筑高效绩效考核机制

大数据、云计算背景下，企业要跟上市场化进程，不断提升自身的市场竞争力，就必须借助合理的信息化平台构筑具有可操作性的绩效考核机制，并以此作为评判企业财会人员履职能力的标准，使其在进行资源配置、市场化分析、业绩评价、风险管控等工作时，明确自身的工作职责，充分发挥财会在企业日常管理中的作用。

综上所述，企业要实现可持续发展，必须及时制定符合企业自身发展实际的财务管理制度、标准、规范，通过财务会计与管理会计之间资源共享的合理机制，大幅降低企业内部的生产成本，转变财务部门的工作机制，加快财务会计与管理会计的融合，提升会计人员职业能力，使其更好地胜任财务管理职能。

参考文献

[1] 童小春 . 财务会计 [M]. 重庆：重庆大学出版社，2017.

[2] 詹阳，王译晗 . 会计信息系统实验教程 [M]. 北京：人民邮电出版社，2014.

[3] 严碧容，方明，余浪，林波，张倩 . 财务分析 [M]. 北京：人民邮电出版社，2014.

[4] 车轩 . 论信息化对传统财务会计职能的影响与职能转变对策 [J]. 行政事业资产与财务，2018(04)：85+55.

[5] 丁海平 . 论信息化条件下的财务会计发展策略 [J]. 长沙大学学报，2019，33(02)：52-55.

[6] 王霞 . 信息化时代财务会计改革问题 [J]. 中国集体经济，2016(34)：130-131.

[7] 王美晴 . 信息化背景下企业财务会计工作流程的优化分析 [J]. 纳税，2019，13(19)：120+122.

[8] 王满，耿云江 . 管理会计 [M]. 北京：人民邮电出版社，2016.

[9] 郭云川 . 管理会计在企业投资决策中的应用分析 [J]. 中国市场，2015(52)：55-56.

[10] 刘家豪，高伟 . 战略管理会计对企业投资决策影响 [J]. 财经界，2018(5)：104.

[11] 卢雪干 . 管理会计在预算管理中的应用研究 [J]. 中外企业家，2020(06)：69.

[12] 冯巧根 . 全面预算管理 [M]. 北京：中国人民大学出版社，2015.

[13] 李世芬 . 管理会计与绩效管理整合探析 [J]. 中国商论，2019(22)：167-168.

[14] 宋晟晔 . 管理会计视角的全面绩效管理分析 [J]. 现代商贸工业，2016，37(26)：100.

[15] 曹静 . 企业管理会计信息化发展研究 [J]. 财会学习，2019(35)：128+130.

[16] 王满，黄波 . 信息化时代的管理会计：现状·挑战·趋势 [J]. 商业会计，2017(08)：4-7.

[17] 金希萍 . 信息化环境下管理会计发展浅析 [J]. 现代经济信息，2018(14)：211-212.

[18] 李晓株 . 大数据背景下的管理会计信息应用 [J]. 财会学习，2019(32)：2-3.

[19] 孟庆彬 . 大数据技术对管理会计的影响及应对 [J]. 经贸实践，2018(20)：91.

[20] 李津 . 管理会计与财务会计融合内外环境分析 [J]. 现代商贸工业，2015，36(14)：106-108.

[21] 霍欣 . 财务会计管理会计信息化的重要性分析 [J]. 经贸实践，2018(11)：124.

[22] 巩晓娟 . 企业管理会计与财务会计的融合初探 [J]. 商场现代化，2018(24)：136-137.

[23] 王燕 . 财务会计管理会计信息化融合研究 [J]. 财经界，2018(36)：95-96.

[24] 袁守亮 . 财务会计与管理会计的融合探索 [J]. 中国商论，2017(33)：139-140.

[25] 陈柳 . 财务会计与管理会计的融合问题分析 [J]. 财经界，2016(33)：214.

[26] 王学文 . 财务会计与管理会计融合的理论研究 [J]. 中国管理信息化，2016，19(07)：17-18.

[27] 李静 . 新形势下企业管理会计与财务会计融合发展研究 [J]. 住宅与房地产，2019(25)：42.

[28] 廖业萍 . 浅谈“互联网 +”背景下管理会计与财务会计的融合 [J]. 当代会计，2019(23)：19-20.

[29] 解敏 .“互联网 +”视域下管理会计与财务会计融合变革 [J]. 经贸实践，2018(15)：105.

[30] 温雪，张洪珍 . 大数据时代财务会计与管理会计的碰撞融合 [J]. 商业经济，2016(01)：127-128.